成长也是一种美好

戦略子育て：
楽しく未来を生き抜く「3つの力」の伸ばし方

有限管教

如何培养独立、自信、上进的孩子

［日］三谷宏治 ——— 著

宋瑶 ——— 译

人民邮电出版社

北京

图书在版编目（CIP）数据

有限管教 : 如何培养独立、自信、上进的孩子 /
（日）三谷宏治著 ; 宋瑶译. -- 北京 : 人民邮电出版社，
2020.3
　　ISBN 978-7-115-53055-4

　　Ⅰ．①有… Ⅱ．①三… ②宋… Ⅲ．①家庭教育
Ⅳ．①G78

中国版本图书馆CIP数据核字(2019)第282397号

版权声明

SENRYAKU KOSODATE by Koji Mitani
Copyright © 2018 Koji Mitani
All rights reserved.
Original Japanese edition published by TOYO KEIZAI INC.
Simplified Chinese translation copyright © 2020 by Posts & Telecom Press
Co.,LTD
This Simplified Chinese edition published by arrangement with TOYO
KEIZAI INC., through Bardon Chinese Media Agency.

　　《有限管教：如何培养独立、自信、上进的孩子》由三谷宏治所
著。本书日文版由东洋经济新报社在日本出版。本书中文简体版由东洋
经济新报社授权博达代理公司代理。

　　本书简体中文版由博达代理公司授权人民邮电出版社独家出版，
未经出版者书面许可，对本书的任何部分不得以任何方式复制或抄袭。
版权所有，翻版必究。

◆　　著　　［日］三谷宏治
　　　　译　　宋　瑶
　　责任编辑　　陈素然
　　责任印制　　周昇亮
◆人民邮电出版社出版发行　　北京市丰台区成寿寺路 11 号
　　邮编 100164　电子邮件 315@ptpress.com.cn
　　网址 http://www.ptpress.com.cn
　　天津翔远印刷有限公司印刷
◆ 开本：880×1230　1/32
　　印张：8.5　　　　　　　　　　2020 年 3 月第 1 版
　　字数：180 千字　　　　　　　　2020 年 3 月天津第 1 次印刷
　　著作权合同登记号　图字：01-2019-3827 号

定　价：59.00 元
读者服务热线：（010）81055522　印装质量热线：（010）81055316
反盗版热线：（010）81055315
广告经营许可证：京东工商广登字20170147号

> 99% 的养育问题，源于父母缺乏界限感，而有限管教可以解决这个问题

没有界限感的亲子关系是痛苦的。

- 这样的父母会过度插手孩子的学习，总是督促孩子"赶快去学习"。
- 这样的父母会苦恼为什么孩子做事总是丢三落四、磨磨蹭蹭。
- 这样的父母会周期性地对孩子大吼大叫、乱发脾气。

90% 的家庭矛盾都源于父母的"界限感缺失"，而且，父母过度插手孩子的学习还会剥夺孩子学习、成长的机会。

本书旨在让大家明白，在养育孩子的过程中，父母有界限感才能轻松地培养出独立、自信、上进的孩子。

- 想让孩子自主规划学习与玩游戏的时间？
- 想让孩子独立负责家庭旅行事宜？
- 想在忙碌工作的同时给孩子提供高质量的陪伴？

- 想让孩子成为父母的好帮手？
- 想让孩子为自己的人生负责？
- 想提早培养孩子各方面的能力，赢在未来？

以上心愿，你都可以实现。不管你平时工作有多忙，你都可以通过有限管教的方法培养孩子的独立性，让自己和孩子都过上只需为自己负责的人生。

那么，如何才能做到大胆放手呢？本书通过很多子女教育的具体问题给出了答案。比如，孩子的零花钱如何处理的问题，如何处理使用手机、计算机等电子设备的问题，以及如何应对孩子青春期的叛逆问题等。希望通过阅读本书，读者能够发现培养孩子独立性的秘密。

忍住！别插手！每个孩子都值得拥有独立的人生

我从来不对女儿们说"赶快去学习"，原因之一就是我的父母也从来没有这么催促过我。

父母在乡下以经营蔬菜店为生，我是他们的长子。从我出生以来，他们从未督促过我"赶快去学习"。不仅如此，由于我家和店铺连在一起，我每天还不得不承担大量的店铺工作和家务。

并不是父母对我们的学习不上心。他们也曾让我的姐姐参加补习班（当时在福井县，这种情况很少见），还建议弟弟去考大学。

但对我，他们却什么都不说，比如考试成绩，高中、大学的升学，步入社会，他们从来都只是听我的事后汇报。后来母亲告诉我，父亲想把我培养成一个能够独当一面的长子。要做到这一点，就要养成一切事情由自己决定的习惯，学习更是如此。

恰巧，我也是一个求知欲很强和好奇心很重的人，可以自觉地读书、学习，对学校的考试成绩也很关注。母亲说："即使我们从来没有嘱咐你好好学习，你也能主动学习。你真是个奇怪的孩子！"

当然，父母会为我创造学习环境。比如，他们曾在某个圣诞节送了我 100 本书和 200 块 B-block① 作为礼物，此外他们总能认真地听我说话。

父亲很喜欢读书，总会时不时地读一些书，家里的孩子也都有每月买一本新书的权利。在某个圣诞节的清晨，小学一年级的我和姐姐的枕边，居然出现了一个装有 100 本书的大纸箱！

读了一本书后，我兴冲冲地跑去问母亲："您知道宇宙的年龄吗？"

母亲听我说完答案后"嗯"了一声，紧接着就说："下次知道别的也要告诉我！"其实母亲对宇宙一点儿也不感兴趣，只不过为了让我继续学习下去才提出这样的要求。父母就是这样培养我的。

当我为人父后，除了希望女儿们身体健康，其他要求就只有一个：自己决定自己的人生，成为对社会有用的人。没有什么比这一点更重要。无论升学还是工作，只要是经过本人努力得来的

---

① 一种类似积木的日本儿童玩具。——编者注

结果，都值得父母赞赏。

事实上，父母把一切都安排好，反而剥夺了孩子成长的机会。父母应该对孩子说的不应该是"赶快去学习吧"，而是"自己决定，自己考虑改善的方法，快去挑战新事物吧"……

也就是说，让孩子自己去试错吧。

有限管教：让孩子拥有独立决策的能力

我绝对不是一名放纵孩子的父亲。恰恰相反，对孩子来说，我的要求非常严格。虽然我不会说"赶快去学习"，但我会说："如果你想继续升学，那就认真地调查心仪的学校，然后自己做决定。不充分调查就不行。"

虽然我对孩子的考试分数没有过多的要求，但每次我家都会召开反省会，让孩子自己思考改善成绩的方法。如果不认真思考，那么零花钱停发、手机没收……我是一个多么讨人厌的父亲啊。

正是通过这种有限管教的方式，女儿们多少拥有了独立决策的能力。

作为父母，别的不用考虑，我们可以做的事情就是激发孩子的积极性，不断提高他们的个人能力。

我们养育孩子的时间和资源都有限，究竟怎么分配才合适呢？在决定生养孩子之前，我们必须设定好教育目标和时间，以目标为导向教育孩子。

当初，我自己也设定了这些目标（那时，假设孩子可以升入

高中和大学)。

- 目的：让孩子能够独立生活并从中感到幸福，而不受考试成绩、公司业绩等的影响。
- 时间设定：第一阶段——高中毕业之前掌握独立生活的技能，第二阶段——大学时代开始独立生活。
- 方向：让孩子掌握与高效试错能力紧密相连的 3 种能力（决策力、想象力、生存力），为此进行必要的训练。把支持孩子独立生活的费用看作教育投资。

家庭教育的目标：让孩子知道自己为何活着，找到人生的意义

家庭教育的目标是什么呢？如何才能让孩子在人工智能时代过上自己想要的生活呢？本书的终极目标是让孩子拥有应对未来的能力，找到自己人生的目标和意义。

那么，我最想传递给他们的"能力"是什么呢？简单来讲，就是为了创造新事物，敢于不断试错，把想象力、决策力和生存力三者相结合的能力。

毋庸置疑，未来社会最需要的能力是创新。不管你能创造出什么新事物，不管这些新事物能发挥怎样的作用，只要你可以和团队中的小伙伴通过反复试错把想法变为现实，这就证明你有创新能力。

我相信，父母一定希望自己的孩子在未来变成：

- 不被动等待命令，而是能够独立思考并积极行动的人。
- 在处理问题时能够做到随机应变的人。
- 不仅能很好地表达自己的想法，更重要的是能够认真倾听他人的表达，与他人建立良好的沟通关系的人。
- 即使经历失败，也会勇敢地继续挑战、不断尝试的人。
- 能够主动承担责任并独立解决问题，而不是一出错就推卸责任的人。
- 懂得为别人考虑，成为对他人有帮助的人。

如果能够成为以上这些人，那么我们相信，孩子一生都能够快乐地工作，实现自己的价值。不管发生什么，孩子都能做出自己的抉择，并且充满信心地走下去。

为了让孩子在将来思想独立、具有想象力和决策力、能够自律并积极行动（也就是我所说的生存力），父母必须有意识地锻炼他们。

所谓家庭教育，其实就是一个为期 20 年的独立人才培养计划。

在陪伴孩子成长的过程中，父母遇到的各种问题，我在书中都有所涉及。各位读者可以通过主题挑选自己想要优先阅读的章节。这是一本送给家长的子女教育手册。在这里，家长是广义的，叔叔阿姨、爷爷奶奶、邻居老师，都可包含于其中。简而言之，本书献给所有为孩子的未来认真考虑的人。

值得一提的是，书中包含我的 3 个女儿的成长回忆，它们会以真实案例的形式呈现给大家。请期待这些来自现实生活的真实体会吧。

这是一本帮助孩子开拓未来的书，也是一本教父母如何守护和支持孩子并与他们并肩战斗的书。

如果你的孩子看似已成为大人，也都为时不晚。同样，从孩子幼小阶段开始也不算早。为了孩子的未来，请各位家长学会科学养育的方法。

那么，让我们一边回顾自己的一言一行，一边为了孩子的未来启动人才培养计划吧。

希望过了 10 年甚至 20 年，有人会因为验证了本书的观点确实有效而感谢我。请父母明确地规定孩子自由与限制的界限，然后就在一旁默默地守护他们吧。请记住，未来掌握在孩子自己的手中！

希望我家的育儿经验能起到些许作用。感谢家里的 4 位成员，尤其是我的 3 个女儿，她们为本书写了大量的真实案例（从中，我们可以窥见孩子在成长过程中的真实想法）。如果你们觉得从中受益了，对她们来说，这会是最好的回报。

衷心祝愿大家一切顺利，我会一直支持你们。

三谷宏治

2018 年 6 月

阅读本书的方法

真实案例

证人：
描述当时的状况等。

我向"被教育方"询问了他们的理解、认识和发现，被教育方的主要登场人物如下。
- 大女儿，樱（26岁）：就职于IT风险投资公司，已婚。
- 二女儿，未来（24岁）：就职于就业服务中心，已婚。
- 三女儿，葵（20岁）：大学三年级，在京都独自生活。

同时，书中也收录了其他家庭的真实案例。一些证言曾在《帮忙至上主义》《亲子的"表达技巧"》中刊登过。

专栏

我以经济学和学术的视角阐述了未来社会所需的人才以及对他们的培养方法，还述及企业或组织未来的存在形式。对十分忙碌的父母来说，这些内容可以直接跳过或者等日后再看。

目录

第一部分　让孩子练习独立

正确的亲子沟通方式

沟通的核心在于语言。家长可以通过提高孩子的阅读能力培养他们的语感，如果孩子的语感很强，那么他的同理心也会得到提升。这会让他们体会到与他人建立友谊的幸福感。

如何让孩子独立决定玩游戏和电子产品的时间

如何处理孩子玩游戏、玩具、手机（智能手机、平板电脑等都包含在内）的问题？

其实，如果控制得当，这是一次锻炼孩子想象力和决策力的好机会！

第6章

教孩子处理零花钱

给孩子零花钱的意义，应该是为了锻炼孩子的决策力。正因
为有限制的存在，孩子要考虑买什么、不买什么，然后自己
执行。

第7章

父母有责任培养孩子独立自主的能力

孩子最终要一个人工作和生活，为了让孩子学会"真正的生
存力"，父母应该让他们在叛逆期和独立生活中获取经验。

第二部分　未来社会更需要独立的孩子

第 8 章　## 新时代需要什么样的人才

即使不能确切地预测未来的样子，但为了帮助孩子拥有适应未来所必需的能力，我必须从人工智能和机器人这一话题说起，因为它们是最接近人的人造物。

第 9 章　## 如何培养孩子的决策力、想象力和生存力

第 8 章讲过，未来的年轻人必须具备高效试错能力，而想要

有这种能力，离不开 3 种基础能力的支持：想象力、决策力和生存力。接下来，我将为大家分别介绍这 3 种能力，以及家长应该如何锻炼孩子的这 3 种能力。

第一部分

让孩子练习独立

第 **1** 章

让孩子意识到读书
和学习本身的乐趣

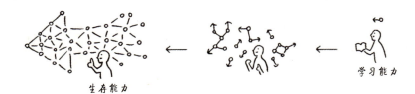

生存能力　　　　　　　　　　　　　　　　　学习能力

过去我们学习，是为了继承前人的智慧。

现在也一样，为此，我们首先应该从学习语言和基础知识开始。

但对今后的学习来说，最重要的是学会试错，拥有想象力（发现、探究并创造新事物的能力）、决策力（思考、沟通、倾听和协商的能力）。

所以，考试成绩不是最重要的，即使失败也不会放弃的意志（生存能力）更为重要。

让孩子自主学习、获取知识吧！

不用督导，孩子也能自觉学习的 PDCA 循环训练法

拼命地让孩子提高偏差值 ①，那又能怎样呢

当下的父母们仍然相信，只要孩子考上名牌大学，进入一家知名企业，就可以过上幸福美满的生活；只有孩子好好学习，他的人生才会拥有更多的选择权。

其实父母们未必对此深信不疑，但是大家都这样做，开办补习班的机构也是这样宣传的。所以，父母才会不停地逼迫孩子学习。如果以高考为界限，从小学三年级的寒假开始，一直到高三的寒假为止，孩子在 9 年约 3300 天的时间里，一直拼命地学习、学习，再学习……

说真的，如果你是一家企业的管理者，真的愿意录用一个一直被父母逼着上补习班、除了学习和考试什么都不会的年轻人吗？

现在，一些知名的大型补习机构也在反省这个问题。

为了考上理想的中学，孩子连同父母及补习班的老师一路狂

---

① 偏差值是日本用来衡量学生成绩的标准。——译者注

奔，奋力追赶。虽然很多人的确因此达成愿望，可入学之后，孩子的学习热情可能会急速下降，到最后要求转学甚至不想上学。

其实越是难考的名校，孩子入学后的感觉可能越不好，因为要面对等级森严的成绩排名。不管他在补习过程中付出过怎样的努力，在众多名校学生的面前，他都会觉得一切又重新开始了。

同时，还有一大群孩子会因为没有考入理想的学校而极度自卑和痛苦。父母曾不断地劝勉孩子"一分耕耘，一分收获"，现在面对最终结果，只能从奔跑中冷静下来，含糊其辞地对孩子说一句："下次再努力吧。"

难道考入理想的中学是决定孩子一生的事情吗？

没人督促学习，为什么孩子还能自觉学习

在过去的 20 多年中，我从来不会督促我的女儿赶紧去学习。尽管如此，她们 3 个还是可以按照自己的方式专心学习学校的课程。

> 大女儿在初二时迷上了打乒乓球，简直视其为生命。她说："周围有很多同学都被父母告诫不要贪玩，要好好学习。你没有要求我，所以我根本不学习，结果成绩一塌糊涂。"
>
> 二女儿每天只学习半小时，这种习惯一直持续到高二。某一天，她突然定下了要考上 K 大的目标。她说："过去一直没有全力以赴地学习，现在我要拼一下，我的首要任务是

达到 K 大的入学标准。"

　　一直努力的三女儿这样评价学习："绝对不能低于班级平均分！否则，就太尴尬了！"

3 个女儿没有一个人考上东京大学等名牌大学。大女儿在取得营养管理师的资格后，在一家心仪的 IT 风险企业就职；二女儿以 4 分之差与理想的大学失之交臂，大学毕业后留学法国，回国 3 个月后就成了公司的正式职员；三女儿从私立高中的特进班 [1] 升入京都的 R 大学，也开始了独立生活。

我对此心满意足。

PDCA 循环 [2] 训练法

我对女儿们的要求是：自己的人生必须自己负责、自己思考并做出决定；不要总是幻想父母给出建议，必须锻炼自己在调查的基础上做出决定的能力，然后积极实践；不管成功与否，最重要的是锻炼试错能力。

我不太关心孩子在学校的考试成绩。对于决定升学的偏差值或学校的知名度，我也不是很感兴趣——这种东西不能用来决定

---

[1]　相当于实验班、重点班。——译者注

[2]　PDCA 循环，又称戴明环，由美国质量管理专家休哈特博士首先提出，由戴明推广普及。该理论认为质量管理活动分为 4 个阶段，即计划（plan）、执行（do）、检查（check）、处理（act），人在面对问题时，可根据这一流程推进解决。这一方法被认为是工作管理的基本方法。——译者注

孩子的人生。

在学习过程中，成绩不是最重要的，学习态度和学习方法才是最重要的。不管学习成绩是 30 分还是 60 分，我更注重的是之后的改进过程。每次考试结果出来以后，我都会和女儿们一起开反省会。尤其是大女儿，基本一考完，我们就开始反省并进行总结。

首先，整理考试中暴露出来的问题，针对这些问题调整学习方案；然后开始实施。等到下一次考试结束后，再整理暴露的问题，进而改善方案。这就是所谓的 PDCA 循环训练法。

这种学习方法的效果因人而异。为了不让自己处于被动状态，孩子要主动自我改进，而不是对父母或补习班的老师言听计从。让孩子自己找到更好的学习方法，然后在实践中不断地改进，让 PDCA 循环起来吧！

先找到孩子喜欢的书

| 开启女儿们读书乐趣的是一本魔法书

关于学习，还有一点很重要，那就是让孩子自己意识到学习的快乐。我自己从小就对学习、了解未知的东西很感兴趣。孩子的性格各异，家长对孩子的期望也各异……为此，我考虑了很多。

就像我从来不对女儿们说"赶紧去学习"一样，我也从不对她们说"赶紧去读书"。①

大女儿天生就喜欢看书，她花了 3 周左右的时间就看完了"哈利·波特"整个系列。二女儿虽然不热衷于阅读，但我在客厅里堆成一面墙的漫画书，她好像都读过了。② 三女儿一开始基本不看书，直到小学三年级的某一天，她在纪伊国屋书店看到一本《国王大人的餐厅》。那天，她站在喜欢读书的大女儿旁边，花了很长时间读这本书，最终决定把它买回家。

"我是国王大人"系列作品的作者是寺村辉夫，这个系列从 1956 年至 2018 年共出版了 31 册，主要描述某个国家的任性国王所做的任性之事，好像没有什么深刻的寓意。但看到国王因为任性而遭遇各种失败（有时也会成功）时，读者常常会心一笑。

三女儿在读这本排满铅字的书时居然体会到阅读的乐趣。迄今为止，我尝试过很多次，但没有一次能够真正地读完这本书。或许国王大人的天真无邪让她爱上看书，后来她成了"我是国王大人"系列作品的忠实"粉丝"。

之后，她又读了"黑魔女"系列、"老板娘是个小学生！"系列。从此，她的阅读量不断提高，不知不觉地也成了一名每年读书超过一万页的小学生。

所以，与其想着如何让孩子喜欢阅读，不如先让他们找到自

---

① 在孩子入睡前，我或者孩子妈妈会给她们读一些连环画或故事书。

② 即便是高考前，她还认真地读完了《海皇纪》（全 45 卷）。

己喜欢的书，然后他们就可以顺其自然地开启自己的阅读人生。让孩子打开第一本书的"钥匙"或许在图书馆、实体书店，甚至在像亚马逊那样的网络书店；但其实还有一点被很多人忽略了：父母读书时津津有味的样子也是一把"钥匙"。

| 我不读女儿们喜欢的书

大女儿从小学三年级开始自己阅读"哈利·波特"系列。本来是她的妈妈每天晚上负责给她念书，但她的妈妈睡得太早，没办法，大女儿想了解下文就只能自己去读。她吃力地理解那些庞杂的文字和复杂的描述，硬着头皮读完了这些书。

当得知大女儿喜欢"哈利·波特"系列书时，我做出了一个决定，那就是自己坚决不看"哈利·波特"系列书。我自己也很喜欢读书，除了科幻类、商业类图书，我还读了很多畅销书。你可能会疑惑，如果我也读女儿们喜欢的书，那我和她们的共同话题不就又多了一个吗？但我没有那样做。

正因为没有读过，不知道其中的情节，所以女儿们可以自由地发挥书中的内容。如果我看过了，她们就不太敢说了，因为这对她们来说，就有点像完成图书概括能力的测验。

从那以后，只要是女儿们喜欢看的书，我一概不读，只等着她们讲给我听。但过了一阵子，女儿们开始主动借书给我："这个很有意思！老爸你也看一下！"我很愿意看她们推荐的书，因为的确能体会她们从中得到的快乐。

真实案例 1　每次考试都是重复上演 PDCA 循环

>>>>>>>>>>>>>>>>>>>>>

——来自大女儿

我的强项是从不沮丧

步入职场之后，为了弄明白自己的强项和弱项，我经常被要求做自我分析。然后，我逐渐明白，我的强项是从不沮丧。

比如小时候，若是考试考砸了，我也不会太难过，因为难过也于事无补。

努力学习却没有得到回报，这的确令人伤心。但我们不应该为此消沉——不管怎样都要为下一次考得更好做准备。如果找到了失败的原因，那么失败也是一种收获。

我能有这样的心态，应该跟每次考试结束都要和爸爸开一次反省会有关吧。

爸爸从来不督促我学习，每次考试后，即使看到我有两门以上的功课挂了红灯，他居然也不会生气。

但是，反省会是绝对要召开的。

细化问题→制定对策→实行后再开反省会，如此反复进行

爸爸的反省会主要包括以下内容。

- 询问分数。
- 询问平均分和偏差值。
- 询问是哪里出错了。
- 询问出错是因为没学明白还是疏忽大意。
- 询问为了下一次考试能提高分数，我要采取怎样的措施。
- 3 天后提交计划书。

就这样一直重复。为了能够按时提交计划书，每次考试结束，我满脑子都想着原因和对策——下次一定要提高分数！

但爸爸对我的要求不是在考试中得高分，而是找到适合自己的学习方法，用 PDCA 循环自我改进。

父亲的评论

女儿成为大学生后，有一次与我闲聊，抱怨起自己的同学："那次的作业明明是论证 ××，但她的报告里只写了这个词语的定义！"

她那时忙于打乒乓球，向同学借作业想参考一下，结果参考不了。她还继续发表见解："其实我也有很多不知道的事情、很多不明白的地方，但这并不可怕，知道自己接下来该做什么才是最重要的。"

听起来还挺有道理的……不过，她的那篇作业后来到底是怎么完成的呢？

借各种考试，对孩子进行人生决策训练

东京是一个有诸多学校可供选择的地方

在面临各种升学考试时，我自己从来没有跟父母商量过。

"我要考藤岛高中。"

"哦。"

"我考上了。"

"哦。"

"我只想考东京大学。"

"哦。"

"我这回没考上，所以打算去骏台预备班补习一年。"

"哦……"

"这回考上了。"

"哦。"

每次都是考试结束后，我才会向父母汇报结果，每次得到的回答都只是"哦"。

但在决策流程上，我向女儿们提出了明确的要求：首先列出自己想要的选项，然后一次只能选择一个最重要的事情。只要本人拥有强烈的愿望，加之选择的项目需要投入较多的资金，孩子都可以从中得到极大的锻炼。

首先是大女儿。那时，她在本地的公立中学读初二，即将面临高中升学的抉择。

以东京为例，就高中升学而言，可供选择的方案多得吓人：是选公立校还是私立校？是选重视学习能力的学校还是重视特长的学校？是选离家近一些还是远一些的学校？

2017 年，东京市内约有 200 所国立高中和公立高中，每个学生在自己可接受的距离范围内可选择的高中有数十所。东京市内有236所私立高中，分别设有400多种班型（普通班、理科班、特进班、国际班、艺术班等），东京附近的神奈川、千叶、琦玉等地区也有很多所高中，所以可供学生选择的学校实在太多了。

大女儿首先预估了自己的成绩，然后加上可接受的距离范围这一条件，最后把可选的高中缩减为约 20 所。

但又因为考试时间的冲突，最后留下来的只有一所（东京）都立高中、一所国立高中和两三所私立高中。

孩子必须从众多的选择中挑选自己最想去的。从择校的过程中练习如何在人生中抉择，这样的机会很难得，如果把它们甩给老师或者补习班，那岂不是太可惜了？

上高中是从表明本人意愿开始的

其实，在要求女儿做调查、列出各种选项之前，我们进行过一次重要的谈话。那天，在和妻子商量后，我把大女儿叫了过来。

"高中教育不属于义务教育，我们没有义务让你上高中。所以，如果你确定自己真的想上高中，那么就去参加考试。还有，如果你想上高中，要告诉我为什么想去。"

她开始磨磨蹭蹭地说："为什么现在我还得求着你们让我上高中呢？"

谈到一半，她突然发现"爸爸不是在开玩笑"，搞不好自己真的上不了高中了，于是赶紧央求我："爸爸，请一定让我上高中啊！"

但对于为什么想上高中，她一直说不出理由。她当时还没有树立明确的人生目标，如果只是看到大家都想上高中，她自己也想随大流，这样的理由怎么能说动我呢……

最终，憋了半天的大女儿痛苦、牵强地说："上高中的目的是体验一下愉快的高中生活，不行吗？"

"哦，好吧。"

询问选择的标准和收集信息的方法

"但是，你说的愉快建立在什么标准上呢？各个学校的优势在哪里？这些信息已经调查了吗？"

作为家长，一定要询问孩子选择的标准和收集信息的方法。如果他只在网上调查一下或参观了学校的文化活动展示就得出结论，那是行不通的。想要深入了解，需要调查学校毕业生的就职情况或者直接向在校生咨询。

特别是私立学校，父母一定要让孩子搞清楚 3 年花费的总额是多少。

事实上，如果不仔细阅读入学须知，很多事情就弄不明白。想知道 3 年（或 4 年）的学费总额，孩子需要询问专门负责财务的工作人员。另外，根据学校规定的不同，新生所需的入学金也不同，而前期其他费用也较高，这些靠浏览学校官网或宣传手册是无法了解清楚的。

这些都应该要求孩子自己调查清楚，然后向父母说明，因为交学费的人是父母。

几个月后，大女儿确定的第一志愿是都立高中，第二志愿是某私立高中。在她做决定的过程中，我一直保持沉默。

因为她在练习为自己的人生做抉择，如果成功，她会对自己越来越自信。

相反，即使没能享受愉快的高中生活，她也会反省自己的抉择：当初再认真调查一下就好了。这样，目的也就达到了。

这就是人生决策训练的价值所在。

不想学习就先工作吧

我一直坚持不督促孩子学习，但也曾说过"不学习就不要……了"这样的话。

大女儿在决定报考某大学的营养管理专业时，突然放松了应试的准备，每天沉迷于打乒乓球。当然，这其中也有她的个人考虑，在此我就不细说了。

对于升学，我们家贯彻这样的原则：如果不想好好学习，就不要考虑上高中和大学了。[①] 如果想继续升学，就一定要有自己的理由。

因此，我对不好好学习、一味沉迷于打乒乓球的大女儿说："如果你的心思已经不在学习上，只是因为志愿已经定好而走个形式，那你就别考高中了。我原本的计划是，如果你真的为自己的志愿努力过，最后你不管考上哪里，爸爸都会出钱供你读书。现在你不想学习，就先工作吧。如果以后还想学习，那时我也会供你读书的。"

总之，"不想学习就不要参加升学考试"，说这句话我是认真的。

大女儿当时好像很认真地思考了一下，还对自己说："如果现在工作，就可以放心地打乒乓球了，这样的生活也不错啊！"

但仅仅过了一周，她就来书房找我谈话："现在我还是想升学，请让我继续读书吧。"

然后，她就恢复到之前认真学习的状态。

这是我最想看到的结果。不管是学习还是其他事情，明白自己当下最想做什么是最重要的。

---

① 上不上补习班也是采取同样的原则，如果孩子不想好好学习，我们就不会强迫她们报补习班。

孩子说，别人不督促就不好好学习，这可不行

> 三女儿在高一时的回答：别人不督促就不好好学习，
> 这可不行

三女儿成为高中生后，我问了她一个问题："爸爸妈妈都没怎么督促你，但你也能主动学习，这是为什么呢？"

三女儿首先是这样回答的："那些被逼着去上补习班的同学，就算不太用功，在补习时也能学到一些东西。但我就不一样了，上不了补习班，只有自己努力。如果考个倒数第一，就太难为情了。"

但考虑了一会儿后，她又补充道："还有，之前不会的题目，我通过钻研自己弄懂了，就会很开心。我对每门科目都感兴趣，当然，有时会因为成绩太差失去干劲儿。不过，就算不擅长某门功课，我也不讨厌学习。

"是有危机感吧。虽然成为大人之后也能学习，但最好的学习时间还是在学生时代。所以，现在应该尽量把时间都花在学习上，现在不学习什么时候学习呢？当然，帮助父母干活的时间另当别论。"

是啊，她在朝着自己的梦想（三女儿在当时已经有了自己的职业理想）努力前进呢。

自主学习的人说话很有用

从来不学习的父母跟孩子说赶紧去学习，是没有任何说服力的。孩子可能只会跟父母顶嘴："学习有什么用？爸爸平时在公司里能用得上微积分吗？"

与此相反，终身学习者说话的分量更重。最典型的案例就是面向成人教育的研究生院。

在成人教育研究生院学习的学生需要花费 1 ~ 3 年的时间一边工作，一边学习，在工作日的晚上或周末去听课、修学分。日本金泽工业大学虎之门研究生院要求学生定期参加研讨会，硕士毕业前必须提交论文。这听起来很辛苦，但身在其中的学生都享受到了学习的快乐。

"学生时代似乎没有体会到学习的快乐，不知不觉就要步入社会，把所学的知识应用在生活中，这才察觉学生时代没有好好学习，如果能重来一次就好了……"

设想一下，如果你是一个正在读书的孩子，听到周围的大人发出这样的感慨，是不是也会觉得不好好学习真的会后悔呢？

在小学生、初中生和高中生的眼中，成年人的世界是非常遥远的。那么就让他们听听哥哥姐姐的感受吧，对他们来说，哥哥姐姐也算是前辈。

目前一些非营利性组织的助学会专门做这些工作。在这些助学会中，一群很有干劲儿的大学生自发成为志愿者，每次派数十人组成的小分队去高中进行两小时左右的授课。[①] 这些大学生会和高中生谈谈自己的梦想，聊聊自己正热衷的事，也会提起自己高中时代遇到的挫折，最后的环节是和高中生围成一圈对话、聊天。

"最感兴趣的事是什么？"

"对未来迷茫吗？"

高中生们被这样的氛围感染，渐渐地吐露心声，最后还会立下目标，宣布当下就要尝试小的改变。助学会与高中生的关系图见图 1-1。

这些志愿者既不是孩子的父母，也不是孩子的老师，更不是孩子的朋友，但这样的对角关系具有非凡的意义。在青葱岁月，孩子与一位年纪相仿的前辈相遇，既可以让他躁动的心安静下来，也容易点燃他对未来的憧憬。

接下来的现场证言与一位初一男生有关。学习不太上心的他，为什么突然有一天开始好好学习了呢？

---

① 这种形式被称为カタリ場（KATARIBA），即助学会。在助学会运作的 15 年间，共有 1300 所学校参与活动，累计 22 万人听课。

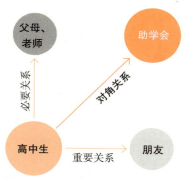

图 1-1　助学会与高中生的关系图

助学会：其中的志愿者是那些走在前面的前辈们，是对角关系的人。

真实案例 2　因为被鄙视而突然发奋努力的男孩

>>>>>>>>>>>>>>>>>>>>>>>

——来自山田家的妈妈

山田家的大儿子从不学习，有一天突然开始努力学习了

截至目前，身为母亲的我已经在家中发起了制定家规的家庭会议（见第 3 章）和"1 分钟演讲赛"（见第 4 章）。同时，因为帮忙至上主义（见第 2 章）的影响，我和家里的大儿子、小儿子，还有孩子的父亲形成了对峙局面。

我是一名创业者，平时工作很忙，想要管得事无巨细也不太可能。我是那种敢于将事情委托给孩子的人，委托之后就在一边

关注孩子的行动。对学业的要求也是一样的，我从来不会催促孩子学习。但有一天早上起床后，我还是被自己看见的场景吓到了：大儿子正在认真地早自习！

说起来，他在前一天傍晚社团活动结束回家后，就一直学习到晚饭之前。

第二学期刚开始时，有一次十分重要的学力测试，即使是那么重要的时刻，也没见他这么用功过。

那时，他经常先玩会儿游戏，再吃饭、洗澡，然后对我说："妈妈，明天要考试，我先睡了。"

在考试前的那天，他在放学后还去看了一场电影，回家后……直接上床睡觉了！

他之所以可以如此任性，是因为在初中入学后的第一次学力测试中，他考出了比我预想好得多的成绩。于是，他有点得意忘形地说："我可能就是那种学习起来很轻松的人，不管在哪里学、以什么方式学，最终结果都不会太差。"

好吧，既然他这么自信，那就让他为自己的决定负责吧。

结果怎样呢？此后第一学期的期中考试、期末考试，第二学期的学力测试，他的年级排名不断下降……

小伙伴的一句话让他突然干劲十足

暑假结束前，考试成绩出来了，他受到一位女生的"一万点伤害"！那位女生是和他从小一起长大的玩伴，之前两个人的成绩和排名总是不相上下。这次，她对考得不好的儿子直接吼了一句："你可真是笨！"

之前他可从来没有被那位女生嫌弃过。"啊，气死我了！真不甘心！下次我的成绩一定让你目瞪口呆！"

好啊，人生转折的时刻终于到来了吗？身为母亲的我在一旁暗中微笑。

接下来，我经常会看到他每天认真地做作业，在考试前的复习中也变得和其他同学一样，一丝不苟地努力着。然后在接下来的那次考试中，他逆袭成功。

前几天，大儿子是这么跟我说的："幸亏我没有一个过度保护型的妈妈！如果真是那样，我考试前跟她说'八点半了，我要睡觉'，说不定她会说'再学一会儿吧''这才几点就睡觉'之类的话。而当我跟妈妈说'八点半了，我要睡觉'，你只会说一句'好的'。妈妈你真是太好了！"

嗯——这算是表扬吗？

山田妈妈的评论

我家大儿子是那种平时父母说什么都听不进去的孩子。但是，当他自己经历各种事情，感受到周围世界的变化，然后意识到自己必须采取行动时，他就会自发地改变。这样不也很好吗？在陪他成长的过程中，我懂得了一件事：我要努力做一个相信孩子、耐心守护、不要过多干涉的妈妈。

>>>>>>>>>>>>>>>>>>>>>

不教的重要性：不教，但给机会旁观

狩猎民族和采集民族从来不教孩子

文化人类学研究者多年的研究结果表明，狩猎民族和采集民族（莫斯特人、科伊桑人、因纽特人等）从来不教孩子。举例如下。

> 事例一：母亲在杀鱼刮鳞，孩子在旁边看着，但母亲不会教他们如何操作。
>
> 事例二：年龄相差较大的孩子使用玩具玩耍。幼小的孩子想自己制作玩具，但年长的孩子只是在一旁看着，并不会教他们怎么做。

即使一教就会的东西，父母或年长的哥哥姐姐也会忍着不说，就在一旁看着小孩自己做，如果小孩失败了，他们也只是一笑而过。

据说这是为了激发每个人的创造性。如果教给他们方法，那么孩子就会按照一模一样的方式做事，因为这样做最轻松。可是，创造性也会由此消失。

这种"不教"的教育方式，就是让原始人类一步步成为现代人的关键。

莫斯特人的教育法：不教，但给机会旁观

但最近文化人类学研究者发现，这种教育方式不仅仅是不教这么简单。

文化人类学研究者发现，尼安德特人灭亡、智人却留存下来的关键在于学习能力和学习方法上的差异。

在研究莫斯特人的某个族群时，文化人类学研究者发现，成年的莫斯特人总是在巧妙地为孩子制造学习的机会。

事例三：在猎得巨型鼠后，成人 A 对成人 B 说："把它身上的叶子摘下来。"孩子 C 听到后，打算帮忙一起做。成人 A 用温柔的声音对孩子说："你不要动，推测一下老鼠下次会从哪里出来。"

成人 A 并没有剥夺孩子 C 成为猎人的机会，而是促使他们抓住最佳的学习机会。不管孩子 C 能否独当一面（能否帮助打猎），成人 A 都会继续采取这种教育方式。对孩子的要求不是能够帮忙打猎，而是学会熟悉猎物。

成年的莫斯特人从不以"跟着我做"之类的方法教育孩子，而是从旁引导，让孩子自己察觉并学会重要的东西。我暂且把这种教育方法命名为"自主观察型教育法"吧。

第 2 章

帮忙至上主义，让
孩子参与做家务等
家庭活动

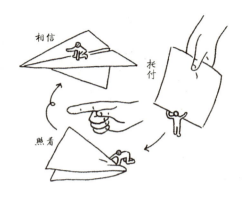

相信

托付

照看

帮忙干活是连接孩子与社会的桥梁。

让孩子早些明白：人活着不仅是为了自己，还要能

够帮助别人。

父母将任务委托给孩子，也是在锻炼他们的决策力

和想象力。

让孩子参与家庭活动计划，承担更重要的工作吧。

孩子其实比我们想象的更能干！

但是，父母不插手非常重要。

父母要克服怕麻烦或担心孩子的心理，凡事只要委

托给孩子了，就不要过多地干涉，要信任孩子！

做家务时，让孩子作为负责人帮忙

> 分配家务时，不要把孩子当成临时工，而要把他当成
> 负责人

根据日本教育部门的调查，经常帮父母干活的孩子与不帮忙的孩子有许多不同之处，前者比后者：

- 成绩好。
- 正义感和道德感强。
- 沟通能力、解决问题的能力强。

帮助父母分担家务与优秀不存在必然的因果关系，但是很明显，分担家务与孩子各方面能力的提升具有很强的相关性。

为了锻炼孩子的能力，父母不能把孩子当成临时工，让孩子接受临时的需求。比如，"去帮我 ××""这个也帮忙 ××"，等等。

当被委托某项任务时，孩子会根据工作任务进行独立思考，这是锻炼决策力和想象力的绝佳机会。所以，父母应该以委托的

形式布置工作，比如，对孩子说："以后家里浇花的工作就交给你负责了。"注意，一定是某件事完全交给孩子负责。

家庭工作和家务都可以委托给孩子，让他们成为负责人，即使是很小的事情也没关系。如果孩子没有如约完成，怎么办？

父母一定要做好让孩子分担家务会带来一些小麻烦的心理准备，即使孩子没有如约完成，也绝对不能替他们做！

家庭活动计划也是很好的练习

我家不用"为家人服务"这个概念，而是让孩子自己规划周末。

无论如何，一定要试着把全家人（或某几个人）的活动计划交给孩子去做，这是极为锻炼人的方法。

父母决定的内容只有日期和预算，剩下的就交给孩子。生日聚会、家庭旅行、周末的迪士尼乐园之行都是可以交由他们负责的项目。

计划一场生日派对：孩子需要做好节目单（主要是小话剧），预算为零。

妈妈的生日派对：包括礼物在内，预算为 3000 日元。

母子二人的旅行：回老家的途中，在宇奈月温泉住一晚；预算为 3 万日元（不含交通费）。

全家五人的旅行：鬼怒川温泉两天一夜游，预算为 10

万日元（包含交通费）。

如果孩子对这些活动本来就充满期待，一定会开心地调查、思考，然后做出决策。

计划进行得顺利，父母就应该由衷地表扬孩子。如果孩子失败了，父母也不要过分苛责他们。即使孩子失败了，他们敢于挑战任务本身也是值得夸赞的，父母可以夸奖他们的勇敢。况且没有做出一份完美的家庭活动计划，本来也不是什么大事。

帮忙至上主义的真正意义

让孩子帮忙做家务或打理家里的生意，委托孩子制订家庭活动计划，这样做不仅可以提升孩子的工作能力，还可以让孩子体验父母在承担家务时的状态及其意义。

帮忙打理家里的生意：让孩子明白"如何为社会做贡献"。

做家务、制订家庭活动计划：让孩子明白"如何给家人带来快乐"。

所以，帮忙是关键。父母平时做的事情很重要，孩子一起分担也是理所当然的。面对重要的事情，团结一致，相互扶持，这不就是所谓的社会生存意识吗？

让他们懂得如何对社会和他人有益，这是对孩子在未来生存能力的最佳训练吧。

让孩子帮忙，可以提升他的工作能力

让孩子做家务的好处

数年前，某 IT 风险投资公司曾录用 10 多名大学应届毕业生。该公司是很受欢迎的知名企业，所以前来应聘的人一度多达数百名。这 10 多名新员工是经过多轮笔试和面试选拔出来的。

他们入职后，经过入职培训，被分配到公司的各个部门。然而没过几个月，这几个部门的管理人员就怨声载道，纷纷向公司的人事部门抱怨："为什么要录用那些人？"

他们指出了这些新员工身上普遍存在的问题：情商不高、计划不周、光说不做、从不会说"谢谢"。作为职场新人或社会中的一员，他们都是不合格的。

招聘负责人私下再度调查了当年入职的新员工，然后得出了一个结论：

> 小时候经常在家里给父母帮忙的年轻人可以录用。
> 完全不帮忙或很少帮忙的年轻人则慎重录用。

从此以后，这家公司拟定了一个新的招聘标准：绝对不录用小时候没做过家务的应聘者，不管他们毕业于哪所名牌大学，也不管他们的笔试成绩和面试成绩有多高。

通过帮忙做家务，孩子可以学会有条不紊地做事，能够周全地考虑各种事情，然后根据自己的思考采取行动。

更重要的是，孩子能够学会对父母和周围人怀有感恩之心。

重要的是，让孩子作为负责人帮忙

那么问题来了，应该交给孩子什么样的任务呢？

最好是让孩子成为父母的家务小助手，不过这有时很难实现。比较容易的形式是将家务明确分工，也就是把妈妈、爸爸还有孩子在家里需要承担的工作彻底分开。家务有很多种，如做饭、洗衣服、打扫房间、购物、收拾和整理各种物品。

孩子收拾自己的房间、准备自己上学需要的各种物品是理所当然的。父母可以让孩子先从这些事情开始，随着孩子慢慢地长大，要一点点地扩大他们可以承担的家务的范围。

怎样让孩子做好家务，有很多图书会详细介绍。本书的侧重点是如何把任务委托给他们，因为这样可以锻炼孩子自主思考和行动的能力。

即使想让孩子明确自己的职责，父母也不要轻易伸出援手，而应该一点忙都不要帮！父母替孩子完成任务更是绝对不允许的。身为父母，我们要做到的是委托之后尽量不要插手！

我妈妈的必杀技是装箱。小时候，我不爱收拾房间，房间里经常乱七八糟的。有一天回家，我发现自己的房间被收拾得干干净净，房间中央新放了一个巨大的箱子。原来是妈妈把桌子上的物品，包括乱七八糟的书和衣服，全都扔进箱子里。我只好一边哭，一边把东西拿出来重新收拾。

给予责任的同时，还应给予权限。如果让孩子每周负责打扫一次门厅，那么要将在一周里怎么打扫的决定权交给孩子，需要花钱的地方从月度预算中扣除即可。

明确任务的责任和权限后，其他就是孩子的工作了。父母不要插手，全权托付给孩子去做吧。

之后，孩子就是负责人。如果孩子的任务是负责照顾家中的花草，他不尽心照顾的话，花草就会死去。

如果孩子在做整理衣物的负责人时不称职，会怎么样呢？不久之后，干净的衣服就会穿完，全家人只能穿未洗的衬衫。但不管怎样，父母都不要插嘴，尽管交给孩子去做。如果孩子没能按时完成任务，大家要忍受各种不便，这样孩子就会意识到他给家人造成的困扰。

｜父母说：哪有孩子喜欢做家务啊

让孩子帮忙做家务是一件很重要的事情，可是大多数父母都不太重视这件事，每天让孩子帮忙做家务的父母不超过 16%[①]，并且许多父母分配给孩子的任务只是饭前准备碗筷、饭后收拾碗筷而已，因为他们觉得让孩子帮忙会更麻烦。

他们认为，与其让孩子帮忙，自己做会更好、更快。同样的任务交给孩子，不仅做得慢，还有可能会搞砸。如果孩子不喜欢做这些家务，做得太勉强，父母和孩子也会因此闹别扭。为了不让家庭关系陷入僵局，父母往往不让孩子插手家务。让孩子帮忙是件多么重要的事情，可惜很多父母却没有重视起来。

在近 10 年间，我面向众多父母做过数百场演讲，许多父母听到我的主张，一致赞成让孩子帮忙做家务，并且反省他们自己过去没有足够重视这件事。到场的听众（有 90% 以上是孩子的妈妈）说：

> 孩子忙于学习和社团活动，没时间帮忙吧。
>
> 因为我自己做起来比较快……
>
> 就算让孩子帮忙，我也觉得他们很碍事，在帮倒忙……
>
> 让孩子帮忙做家务，说不定会因此吵起来。
>
> 现在，我注意到让孩子帮忙的重要性了。
>
> 即使工作很辛苦，我也会想办法做好家务，原因是小时候经常为父母打下手。孩子在成长过程中所做的事情都应该是自己考虑之后才决定去做的。

---

① 来自倍乐生教育综合研究所 2016 年的网络调查结果。

　　我擅长规划工作，原因是小时候经常需要在短时间内做完大量的家务，为此需要用心规划。现在我总是责备孩子没有规划能力，但是自己也确实没有给他分担家务的机会……

　　于是，很多父母都下定决心让孩子多帮忙做家务，即使被孩子讨厌，也要坚决贯彻下去！

　　一位上小学四年级的孩子的妈妈说："小时候，我不愿意帮父母干活，但现在想想，父母当初也是硬着头皮给我布置任务的吧！多亏他们让我帮忙，我才成了现在的自己，我要感谢我的父母。从今天开始，被儿子讨厌也没关系，我会让他多帮忙的。"

　　大家加油啊！

真实案例 3　不管遇到什么事，总会有办法

>>>>>>>>>>>>>>>>>>>>>>

——来自大女儿（当时是初中生）

| 突如其来的任务：把试卷按时送到

　　那年我还是初中生，爸爸很少见地因感冒而卧床不起，这种事情发生在他身上的频率大概是每 10 年一次。

　　那天傍晚，爸爸把我叫过去，让我把试卷送到麴町的顾彼思

商学院[①]。他和对方说好了，当天下午 5 点之前必须送到。父亲问我："这件事比较棘手，你能完成吗？"

因为没去过那里，我内心非常不安，但没有想太多就接受了。

我站在床边查了从家里到顾彼思商学院的路线（需要换乘 1 次，一共 7 站地）。爸爸给了我一张手绘地图，并且告诉我如果迷路了就立刻给家里打电话。于是，我出发了。

乘车时间共计 21 分钟。不知道是不是因为过于紧张，我感觉一转眼就到了麹町站。出站后我还有点犹豫，不知道该向哪个方向走。后来我随便选了一个，居然选对了！最终，我按照手绘地图的指示，顺利地在下午 5 点之前把试卷送到了。

不管遇到什么事，总会有办法的

虽然中途没有遇到困难，但由于太紧张，我总感觉自己玩了一次大冒险。

回到家，爸爸对我说了一句"谢谢"。

一般在这种情况下，爸爸是不会过度赞扬我们的。但因为平时很少能够帮到他，所以即使没受到表扬，我也会感到很高兴。

但没过多久，我一个人悄悄地反省了一下：

---

① 作者曾于 1996—2017 年担任该校的讲师。

　　这次基本上没走弯路。其实，如果没有把握，就应该马上问问别人。

　　或者实在不清楚，第一时间给父亲打电话询问，也是比较稳妥的做法。

　　．．．．．．．．．．．．

诸如此类的反省对下一次的工作也是很有帮助的。

　　现在回想起来，爸爸还真是胆大，居然能放心委托一个连手机都没有的初中生完成这项任务。但通过这次经历，我明白了一个道理：不管遇到什么事，总会有办法的。

父亲的评论

　　这是大女儿人生中第一次独自出行到陌生的地方。当时觉得她已经是初中生，乘坐公交车去一个陌生的地方，应该可以轻松胜任。她总会习惯这些的。

　　自己进行前期准备工作，做出判断，然后行动，不管最后成功还是失败，这都是对决策力的有效练习。只是我没想到她过后还自己进行了反省，这超出了我的预期。

帮忙也可以变成玩耍

▎大女儿发明的模拟洗衣店

大女儿在上小学五年级时，成了家里清洗并整理衣物这项家务的负责人。因为家里有五口人，几乎每天都要换洗衣服，所以她的工作量挺大的。

有一天进门之后，我发现房间里的衣服堆积如山。平时不管怎样都会把衣服叠好的大女儿，不知道为什么那天没有尽责。难以忍受这些的妈妈终于插嘴问了一句："今天打算把衣服就这么放着吗？"洗衣房里传出大女儿微弱的声音："你们先不要碰那些衣服。"

过了一会儿，她笑眯眯地走过来对我们说："我们在玩模拟洗衣店，让妹妹们都收拾好了。"

她所说的"模拟"，不是收拾衣服，而是"卖"衣服。妹妹们手握模拟货币，在购买大女儿叠好的衣服。

大女儿叫卖道："有人需要刚洗好的干净衣服吗？你看这件红衣服多漂亮！"

二女儿："卖给我吧！我出 50 日元！"

大女儿："不卖！"

二女儿有点失望："啊……"

三女儿立刻说："我出 150 日元！"

大女儿："卖了，卖了！"

买来的衣服就要马上收拾好，这是大女儿提前制定的规则。另外两个女儿从大女儿那里抢购衣服，然后纷纷整理好放进了各自的衣柜。

大女儿选择让妹妹们帮忙完成整理干净衣服的工作，两个妹妹一眨眼就做完了。对她们而言，帮忙既是三谷家孩子的义务，也是快乐的游戏。

负责人可以得到他人的帮助，这真是激发想象力的举措。当然，既然她是负责人，如何完成任务是她的自由。

为了锻炼孩子的想象力和决策力，让我们多委托一些任务给孩子吧！一定要把他们当作负责人，如果孩子没有尽责，那就和他们一起忍受因此带来的不便。说不定孩子也会把自己负责的工作当成好玩的游戏呢！

从比赛拿报纸开始帮忙做家务

说起来，三谷家的女儿们最先帮忙做的家务是早上取报纸。

大女儿和二女儿从上幼儿园时就开始承担这份工作，不过我并没有特意委托她们做这件事，很自然地就变成了这样。有一天早上，我对已经起床的女儿们说了一句："去门厅把今天的报纸拿进来。"于是，大女儿和二女儿争先恐后地抢着取报纸，取报纸这件事就成了她们两个人的帮忙竞赛。

孩子天生喜欢竞争，而且取报纸是一项奖励型帮忙，谁帮忙拿报纸就会得到一张漂亮的贴纸。女儿们会为此很早就起床，先取报纸的人会获胜，然后从妈妈那里拿到一张贴纸。

每天早上，她们两个人几乎是从走廊互相扭打着跑到门厅，这也是我家一道有趣的风景。

关于做饭，女儿们也各成一派，但至今她们仍然认为，妈妈做的菜是世界上最好吃的。她们不愧是妈妈的"应声虫"。

三女儿很喜欢玩做饭的游戏。在小学三年级的某一天，她申请在家里三楼的阳台举办野餐会，届时，她会给大家做饭。

"我想给大家做便当。"

"让大家在阳台一起吃吧。"

她还提前嘱咐妈妈："让我自己做，你什么都不要管。"三女儿默默地去准备，竟然连料理图书都没有参考。

我和孩子妈妈最多是在孩子用火时稍微留心一下，剩下就是吃饭了。其实，对 5 个人来说，那顿饭的分量有点少，但我们什么也没说。在愉快的野餐会结束后，三女儿突然以反省的口气说道："做的饭不够吃啊……"

你看，孩子自己能意识到这点，这多么令人开心。

"下次做饭，注意分量就可以了。"

家庭旅行，让孩子懂得如何取舍，做好日程管理

预算 10 万日元，计划两天一夜的家庭旅行

带着可爱的孩子一起旅行，这当然是个不错的主意，这里要讲的是让孩子策划一次旅行的故事。

十几年前，当时上小学五年级的二女儿患上了"无聊病"。

"上课很无聊，朋友很无聊，×× 倒是挺有趣的，但一周只有一次……能让人兴奋的事情真的太少啦！"

她一直抱怨。实在看不下去的我在 9 月的某一天委托给她一项任务：预算 10 万日元，时间为 10 月 23—24 日，让她计划一次两天一夜的家庭旅行。

在接到任务后的几周里，她突然紧张起来，在网上进行各种各样的调查。制订计划之后，她还要打电话预约。

需要她做决策的事情太多了。

有限的预算应该花在哪儿、花多少；全家 5 个人若是住得稍微豪华一些，就会超出预算。虽然乘坐公共交通工具出行会比较省钱，但在行程中，家人不能一起聊天。虽然租车（我家没有车）可以让家人在途中闲聊，但一租就要租两天，花费较大……怎么办呢？

二女儿从此懂得如何取舍

最终，二女儿制订了如下计划：

> 交通方式是租车。小型的面包车宽敞、舒适，自己家人怎么吵闹都不怕。回家时，大家都比较累，可以放心地睡觉（但爸爸要充当司机）。
>
> 住宿地是在网上预约的特惠温泉旅馆。
>
> 午餐的食材来自在河边钓的鳟鱼（这是我第一次钓鱼），吃饭、娱乐两不误。
>
> 其他休闲活动都在观光牧场内进行，不用额外花钱，家人悠闲地享受即可。

这个计划中隐藏着各种取舍和折中选择。但做出判断的基准是什么呢？是孩子的价值观。如果价值观不明确，她就无法做出取舍。

她认为最重要的是一家人一起开心地度假，她最想尝试的是钓鱼和泡温泉，于是以此作为选择的参考。为了在出行时大家可以毫无顾忌地聊天，租车的钱必须花。只要满足一家人一起开心地度假这个前提条件，住宿的等级就无所谓了，所以选择旅馆以经济实惠为主。家里没有在休闲方面高消费的习惯，所以放松的时光不花钱是最好的。这张计划表就体现了二女儿的取舍。

从踏上旅途开始，全家人必须按照队长（二女儿）的指令行动。

"队长，接下来去哪儿？"

"请往关越机动车道的方向上开。"

"得令！"

队长一开始带了 10 万日元的现金，高速公路费、汽油费、旅游费用都用这笔现金支付。

旅途中的一站是一个观光牧场，她买了门票，但里面各种各样的游乐设施和体验项目几乎都是另收费的。队长在思考之后，突然对我们说了一些话。

"到目前为止，由于一直按照预算进行，经费还有富余。大家有想玩的项目，告诉我就好。"二女儿说道。

于是，大家开始申请自己想玩的项目，得到批准后就从队长那里支取现金。一些有趣的项目（如射箭、黄油制作）会得到允许，但价格比较贵的项目（如骑马体验需要 2000 日元）就会被二女儿驳回。不愧是平时就能勤俭持家的二女儿，她既能做到有计划地执行预算，还能做到留有自由支配的部分。

二女儿还要负责行程管理

除了预算管理，行程管理也是队长的工作。

看到时间差不多了，她就会让大家集合，朝下一个目的地前进。原本她的日程表精确到了分钟，但因为做了充裕的安排，在特别有趣的地方可以让大家多玩一会儿。

二女儿提前为临时变动留出空余时间，使得预算和日程都在可控的范围内，由此看来，她还是挺擅长做管理工作的。

在鬼怒川温泉住过一夜后，全家人的旅行终于告一段落。身为队长的二女儿算了算账，然后再一次给出指示："回去时可以在途中的家庭餐厅吃饭，我们的旅行经费还剩下 7000 日元。"

中午过后，全家人安全到家，并举行了解散仪式。"队长，辛苦啦！时间、预算都尽善尽美，这真是一次令人难忘的家庭旅行。"到此为止，二女儿终于放下七上八下的心，在此后的一个月，她一直都沉浸在此次家庭旅行圆满结束的喜悦之中。

事实上，在我最开始委托二女儿计划家庭旅行时，她有点害怕，想拒绝。毕竟这对她来说压力重重：10 万日元超大金额如何有效运用的压力（当时，她的零花钱是每月 500 日元）、安排行程的压力，还有害怕此次出行不能达到使全家人快乐度假的压力。如果自己的计划非常无聊，她一定比谁都失望。但为了打破无聊的日常，二女儿还是回答："那就交给我吧。"

父母的职责：即使担心，也不要插嘴干涉

二女儿在制订行程计划时，几乎没有和父母商量过。只是偶尔和她的大姐商量一下，大多数时间，她都是一个人用电脑查找信息，然后一边思考一边自己做出决定。

我什么都没说，也没有表现出自己很期待她制订的计划的样子，担心那样会增加她的心理负担。

　　结果会怎样姑且不论，让孩子制订一次旅行计划，本身就十分有趣。预算是 1 万日元或 5000 日元都可以，只要对孩子来说是巨款即可。

　　学校里也会有各种各样的活动，如果孩子拥有担任负责人的机会，通过锻炼就会突然成长起来。所以，从这个角度看，孩子们实在太幸运了，因为担任负责人的机会有很多。不过，在学校里没有这样的机会也不要担心，家长可以在家中给孩子创造机会。

　　这种机会创造起来很简单，只要规定好预算，把制订家庭活动的计划委托给孩子即可。另外，执行过程中的领导权也要交给孩子，让他当"队长"。

　　在这一过程中，孩子可以学会取舍、日程管理和预算管理，认真思考什么才是对自己和他人有价值的。而且，孩子还能体会到新鲜、刺激的紧张感。

　　当然，父母也能体会到同样的感觉，但承担风险是有意义的。所以，父母一旦把任务交给孩子，就什么都不要管。就算孩子找你商量，你也只能在目的等宏观方面给出建议，而不要给出具体细节的建议。即使孩子失败了，又有什么关系，这也是一次难得的锻炼机会。"哦，搞砸了而已。"

　　让孩子自己策划旅行吧，对待下属也是一样的。这样，他们一定能意识到什么事是当下最重要的，也会知道接下来最该做的是什么。

| 父母的另一个职责：何时委托任务、委托何种任务

父母还有一个很重要的职责，就是判断何时给孩子委托任务以及委托何种任务。鵤工舍创始人、日本宫殿大木匠小川三夫认为，这些才是父母需要做出的重大决策。

小川三夫师从被誉为"最后的宫殿大木匠"的西冈常一。他有一种强烈的使命感：不能让宫殿大木匠的职业毁在自己的手中，要让它薪火相传、代代延续。正是带着这样的使命感，小川三夫建立了鵤工舍。鵤工舍不仅从事传统的修理工作，还承接了新建寺院等工作，同时也在雇用和培养新人。

新人在最初训练中被委托的任务只有3种：提供伙食（负责所有人的餐饮）；打扫工作现场，在一旁打下手；磨制自己的木工用具。

至于需要多久才能晋级，那可不一定。有的人仅需1年的时间，有的人甚至5年都不够。新人所做的工作仅仅是早起，认真地清扫工作现场，研究菜谱，一起做饭，不断提高研磨工具的技术。在这一过程中，新人会自然而然地学会现场的工作流程和安排，掌握一定的技术，也会注意到团队之间的配合。当然，到了这一步，他们想尽快接手木匠活（或是砍伐、切削木材）的念头会越来越强烈。

师傅们观察他们，并在关键时候给予帮助。有一天，新人会突然被安排做与木匠有关的工作：不是修整小块的木材，而是一下子让他们切削那些大块的木材。

想继续做下去，就一定要经历这些忍耐的过程。

新人们在忍耐，一旁的师傅也在忍耐，感觉新人差不多可以胜任时，就会让他们开始做木工工艺。

突然可以处理大块的木材时，有的新人会欣喜若狂，有些人还会略带紧张。

如果这一步做得好，新人的技术绝对可以得到精进，其自信心也会大大增强。

当然，肯定也会有人做得不好。尽管有失败，但他们仍然会被分配任务，继续做下去。

二女儿在小学五年级时第一次承担了家庭旅行计划的制订工作。2008 年的春天，我向当时刚上小学五年级的三女儿抛出橄榄枝："要不要计划一次预算为 10 万日元的家庭旅行？"看到三女儿一副畏缩不前的模样，我立刻说："就当我没说过吧！"

父母要在孩子拥有强烈的愿望前学会忍耐。

没想到几个月后暑假来临，全家一起回福井县老家探亲，三女儿突然说："我想中途住一晚，让我试着计划一次吧！"

于是，与妈妈两个人的富山之旅成了她人生中第一次策划的旅行。

执行力离不开权衡利弊和取舍的能力。

但人们总是很难做到断舍离。这个也想要，那个也不敢扔，一旦扔掉什么，就会产生某种莫名的恐惧。可是，什么都不想放弃的人是无法前进的。

因此，一定要让孩子快乐地养成断舍离的习惯，使他们不断得到锻炼，积累经验。

为此，父母必须做什么呢？

答案是忍耐。父母只能在一旁忍耐。既然委托给了孩子，父母就要有撒手不管的决心。不管孩子在执行时成功与否，父母的任务就是好好地赞扬他们！

第 **3** 章

如何正确地表扬
孩子和批评孩子

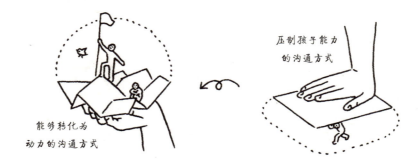

压制孩子能力
的沟通方式

能够转化为
动力的沟通方式

　　教育是讲究方式、方法的。父母对孩子期望很高，

经常会有很多话想和孩子说。但在日常沟通中，父母不

知不觉地给孩子灌输了大量的负面信息，尤其是批评

（发牢骚和冷嘲热讽也包括在内）。

　　其实不管是表扬还是批评，都与培养孩子的想象

力、决策力和生存力密切相关。

　　所以，让我们先学习一下正确的表扬方法和批评方

法吧！

正确的表扬方法和批评方法

表扬可以给孩子带来敢于继续挑战的能量

我写本书的目的，就是希望孩子可以勇于面对生活中各种各样的挑战。不管学习、玩耍还是帮忙做家务，都可以视作提升孩子想象力和决策力的训练。

但如何让孩子把挑战变成日常习惯呢？在这一过程中，表扬的作用不容小觑。

如果你询问日本孩子："你喜欢你自己吗？"回答"喜欢"的人数不足 18%。面对同样的问题，法国孩子回答"喜欢"的占一半，在英国、德国和韩国，这一比例约为 1/3。

如果再去询问日本孩子："你是否愿意为了自己的梦想永不放弃？愿不愿意尝试从来没有做过的事情？"回答"愿意"的孩子明显比其他国家少很多。

很明显，日本孩子的积极性实在太低了。

如果没有自信（无法自我肯定），孩子怎么可能拥有持续挑战新事物的勇气？提高孩子自我肯定感的最有效方法就是表扬。

让积极性超过消极性的 3 倍

芭芭拉·弗雷德里克森（Barbara Fredrickson）是世界知名的积极心理学专家。她有一个重要的发现：

当积极性超过消极性的 3 倍，你就会成功。①

消极情感过于强烈，如果没有 3 倍以上的积极性（喜悦、感激等情感）与之对抗，人就无法走上积极向上之路。道理如此，但我们无法勉强自己持续地保持积极性。

芭芭拉也提供了自己的解决策略：

减少消极性（不翻旧账）。
培养与积极性相关的思维方式（开放式思维、提升对事物的好奇心等）。

这或许是针对成年人提出的积极心理方案，但对孩子来说，积极性的提高主要来自最重要的人的认同和赞赏，简单来讲，就是被父母表扬。对孩子来说，没有比被父母称赞更重要的事了。为了让孩子感受到比现在多出几倍的喜悦、感激、兴趣、愉快、希望、爱等积极的情绪，父母一定要多多表扬他们！

---

① 注意，消极性是必须存在的。如果毫无消极性，就说明此人处于失控状态。

如果需要批评孩子，一定要简要地明确"至关重要，严禁去做"的事

按照芭芭拉的理论，父母平时对孩子的表扬应该超过批评的 3 倍。但在该批评孩子时，父母也要批评。那什么是该批评的时候呢？就是孩子做了绝对不该做的事情时。[①] 日本教育家亲野智可等人认为，如果真的遇到这些事，父母应该进行严厉的爆发式批评，一定要让孩子认识到错误的严重性。

对于该批评的情况，我还要补充一点，那就是当孩子无视甚至故意违背家人定好的规则时，他也应该被狠狠地批评。但在批评时，父母不能感情用事，而应以简要明确为原则。

在批评时，父母不能翻旧账。"你前一阵子总是……"，这样的话不要说。而且必须就事论事，别把当下的错误和其他问题混为一谈，也不要有类似于"你这也不行，那也不对"的抱怨。

你这样做，违背了大家定好的规则！
你有什么特别的原因吗？
如果没有，那就不能被原谅！

是的，父母应该以这样的态度，明确而有力地给予孩子压力。并且，如果孩子在违反规则后需要接受某种惩罚，那么在此时父母就应该直接告知孩子。

---

① 比如偷盗他人财物、故意伤害别人、欺负弱者等。

所以，你的零花钱会停发 3 个月。

一周内不许看电视。

基于家规进行批评或表扬

| 我把家规写下来，贴在冰箱上

　　游戏的迷人之处在于，其拥有明确的规则，并且赏罚分明。孩子犯了错就应该受到批评。但如果孩子总觉得这些事情和自己无关，那么父母的批评和表扬也就不起作用了。

　　在很多时候，对孩子来说很重要的事情，对父母来说无足轻重。更别提很多父母总是忘记或随意更改那些对孩子来说很重要的事情，比如父母和孩子的约定，这简直糟糕透了！

　　因此，在我家，如果父母和孩子都认为某件事很重要，那么就会把它立为家规（约定也算在内）。光是口头约定还不行，要明确地写下来，贴在显眼的地方。为此，准备一块迷你白板写上去或写在纸上贴在冰箱上，这些都是非常有效的方法。

　　如果能够制作一张家规海报，那就再好不过了，可以把它挂在客厅或餐厅的墙上。

　　新规定总会存在一定程度的缺陷，当需要补充时，家人随时可以在笔记本上记下来。所以，一定要准备一个笔记本，放在家里显眼的地方。

　　时间一长，家人会渐渐忘记家规，所以不妨将其贴在每天都能看到的地方，比如，贴在洗手间里。

家规需要通过家庭会议制定

　　家规是家人之间的重要约定，每个家庭成员都必须遵守。[①]所以在某个节日或新年伊始时，家长可以在全家人面前正式公布家规，但之前一定要和孩子认真商量。

　　我采访过日本爱知县的山田家[②]，他们家在制定家规时采取的制度是父母和子女进行一次 4 人商谈，半数以上的人（3 人及以上）赞成的规定才可以被采纳为新家规。否则，如果半数赞同即可定为家规，那么两个还在上小学的儿子串通起来，就可以否决一切他们不喜欢的规定了。有趣的是，事实并非如此。

　　虽然是孩子，但在家庭会议中，他们完全可以做到冷静思考，依照自己的想法参与接下来的表决。小学里，会有分班、换座位、自由选定合唱比赛的歌曲等各种需要学生自己做选择的事项。等上了中学，孩子或许就会明白什么叫"派系"。幸好，小学还未出现这种迹象。小学生男女有别的意识还没有那么强烈，小学期间是自由讨论最活跃的时期。所以，家里有小学生的家

---

① 父母和孩子不一定要遵守相同的规定，因为成年人和孩子毕竟有区别。

② 这是一个由父母和两个儿子组成的家庭，母亲最近在自主创业，开了一家彩色玻璃工作室。

长，尤其要珍惜家庭会议的时光。

尝试通过家庭会议制定家规吧！当然，第一条家规应该就是"不劳动者不得食"。

山田家的家庭"成员须知"

1　家中成员一定要彼此打招呼（"我回来啦""欢迎回家"等）。

2　进门后鞋子要摆放整齐（玄关处，一人只能放一双鞋）。

3　自己的事情自己做。

4　家务由家人共同承担。具体做什么由每月的家务会议决定。如果有人稍有延迟，没有及时处理，谁也不能下"赶紧给我做完"之类的命令。

（第 1 条和第 4 条是两个儿子的提案）

家规体现了家人共有的价值观

不同的家庭有不同的家规。不管社会文化如何，每个家庭的家规体现的都是家庭成员共同的价值观。事无巨细也好，不拘小节也罢，在这里，我将为大家介绍一些有趣的家规。

岩崎家的家规

1　每天发现一件开心的事情，回来和家人分享。

2　每个家庭成员都有责任为这个家做出贡献，尤其是要对自己的日常工作负责。

3　有资金支出时，一定要把消费明细交代清楚（仅限孩子）。

（岩崎家是由父母和两个儿子组成的四口之家）

来自日本兵库县的岩崎家给每个家庭成员都规定了一项任务：每天发现一件开心的事情，然后与家人分享。

这是不是一个很有创意的任务呢？岩崎家的两个孩子每天都在努力地完成这项任务。

这些开心的事情积累下来，总有一天会写成一本书吧。

不要小看四五岁的孩子，他们能做很多事情！来自东京的堀井家设立了这样的家规：

想喝水时自己倒，倒在杯子里的水必须喝光，不能剩饭，自己的衣服自己叠，自己的脏衣服自己洗。

在第三个儿子出生时，岩崎家的爸爸为此休了 1 年的育儿假。在这 1 年里，两个大孩子不仅要处理自己的事情，还要不断地培养自控能力。

　　一定要将对每个家人都很重要的事情定为家规。如果孩子违反了家规，父母就一定要狠狠地批评他们。大家都试着做做看吧！

　　对孩子来说，最讨厌的事情就是父母想批评就批评，想表扬就表扬，完全没有章法。如何避免这样的问题？那就是把重要的事情以家规的形式贴出来。

真实案例 4　被批评后，必须想到防止错误再次发生的对策

>>>>>>>>>>>>>>>>>>>>>>

——来自大女儿（小学五年级时）

| 爸爸的批评方式有点怪

　　在小学五六年级的时候，我突然意识到爸爸在生气时是很安静的。不记得从朋友那里听到了什么，我才突然意识到这一点。但我想，从那时起，我会觉得爸爸好像与众不同。

　　现在，回想起爸爸独特的批评方式，我将其总结为以下3点：

- 必须想到防止错误再次发生的对策。
- 爸爸对吵架这件事情本身很生气。

- 即使挨了爸爸的骂，我们也可以马上聊别的事情。

接下来，我详细说说这 3 点吧！

必须想到防止错误再次发生的对策

在小学五年级时，有一次在福井县的奶奶家，我和妹妹吵了起来，甚至拳脚相加。三谷家的家规：吵架时绝对不能动手，先动手的一方就是错的，有理也会变成没理。但很糟糕，那天我就是气得忍不住动手了……

那天，爸爸在东京，妈妈马上打电话给爸爸。爸爸下令："动手是绝对不可以的，把两个人都留在福井，谁也不许回来。"①

我和妹妹都吓坏了，早就把吵架的事抛之脑后，拼命地向爸爸求饶："对不起，我们再也不敢这样了！请让我们回东京吧，求您了！"

爸爸却回答道："只在嘴上说一句'再也不敢了'，下次再犯错还是很容易的。你们应该想出一个不会再犯同样错误的方法。"

一开始我们说："真的绝对不会再犯了！我们发誓不再吵架了！"爸爸答复："当你们忘了今天的保证时，还是会犯错的！"然后，他又让我们重新想。我和妹妹认真地商量了一下，决定把

---

① 后来，我们姐妹在福井待了半年，就读于乡村的托儿所和小学，那期间一直都见不到爸爸。

"绝对禁止吵架"这句话做成海报，贴在家里最显眼的地方。

于是，终于雨过天晴——我和妹妹这才被允许回到东京的家里。

只是嘴上说一句"下次会注意"，错误很有可能还会再犯。爸爸的这种说法当时给我留下深刻的印象。步入社会后，每当应对自己或同事的失误时，我会效仿爸爸，要求自己或对方想出绝对防止再犯的对策，而绝对不是凭一句"下次会注意"就能了事的。

爸爸对吵架这件事情本身很生气

直到上高中，我和二妹未来的吵架频率基本保持在每月一次（我和三妹小葵相差 6 岁，所以很少能吵起来）。

"说了多少次，我在弹钢琴时，不要打扰我！"

就因为这些现在看起来很无聊的事情，我俩都会吵起来。当吵起来时，我俩的声音都很大，基本不到 10 秒钟，爸爸就会很生气地说道："吵死了！两个人都出去，站到外面去！"

执行人是妈妈，她会把我和未来带到公寓外长长的走廊上……现在回想起来都很痛苦。

那时，只要我俩被赶出来，在家门关上的那一刻，吵架的仇恨就会被瞬间清零。我俩会立刻开始想对策："我们赶紧道歉，让爸爸妈妈放我们进去吧。"

然后，我们按了门铃，用十分柔和的声音说："我们已经和好了。对不起，请放我们回家吧！"

在写这篇稿子时，我一直回想和未来吵架的那些情景。但想来想去，记忆里我们也就吵过那一次，而且瞬间就和好了。

"跟我说说你们都做什么了？" ""这是你的错，赶紧道歉！"如果父母在我们每次吵架时都会介入主持公道，我想我们姐妹三人是不会像现在这么团结的。

即使挨了爸爸的骂，我们也可以马上聊别的事情

步入社会后，我发现自己是一个就事论事的人。如果什么事情做错了，我接受批评，但拒绝人格否定。

我能有这样的性格，多半与爸爸的批评方式有关。每当我犯错时，爸爸都是平静且严肃地问我：

你觉得爸爸为什么会生气？

为了今后不再犯，你打算怎么办？

……

为了得到爸爸的原谅，不管当时多么紧张，我都会拼命地开动脑筋，想出防止再次犯错的对策。只要我的方案通过，爸爸的声音立马就会缓和："明白了，那么就遵守规则，不要再犯错了。"

接下来，不管是学校里的事、看过的电视剧剧情，还有最近

的书……所有话题我都可以和爸爸聊。即使刚挨了骂，我们也依然可以正常地聊别的事情。

爸爸的这种批评方式，让我从小就明白：

被批评≠被讨厌。

被批评≠你的个人能力太差。

小时候觉得有点怪的批评方式，现在看来都饱含爸爸的良苦用心。

谢谢你，爸爸。

父亲的评论

为什么我要以批评的方式作为第 3 章的主题呢？起因就是看了大女儿的这篇文章。被训斥这件事会给孩子带来强烈的感受，留下深刻的印象。但在日常生活中，很多父母都会经常对孩子发脾气，抱怨、命令之类的话至少每天都要说几十次吧？

所以，我真心地希望这种情况可以有所改变。父母应该明确："我们到底为什么批评孩子？是因为我们想纠正孩子的某个错误吗？"在批评孩子时，父母一定不要带有主观情绪，要就事论事。

记住最关键的事情：让孩子自己想出防止错误再犯的对策。

真实案例 5　若无法遵守规则，那就及时调整规则之后再执行

>>>>>>>>>>>>>>>>>>>>

——来自大女儿（上高中时）

| 发电子邮件如果超过约定数量，那就等着挨批评吧

刚上高中时，我喜欢和初中时的朋友互发电子邮件。有时聊得起劲，一天可以发一两百封。

我的朋友可以用手机发电子邮件，但在我家是严格限制孩子使用手机的，所以我一般只能在回家后用电脑给朋友发电子邮件。

每天一回到家，我就坐在电脑前发电子邮件，这让爸爸终于看不下去了，他规定我每天最多发 30 封！现在想来，这一数目已经不少了。但当时我心里很不爽，认为这也太少了吧！

于是，开始时，我还会刻意将发电子邮件的数量控制在 30封以内。但有时聊着聊着太开心了，很容易忘掉这一规定，于是一来一回，又回到之前每天发一两百封电子邮件的习惯。

我偷偷地做着超额发送电子邮件这件事，但有一天忘了关电脑就出门了，于是被父母发现了。

那天晚上，我见到了有生以来爸爸最生气的样子。

"你违背规则了！"

我承认，我挨骂也是活该，但事情并没有在挨骂后结束。

爸爸说:"若无法遵守规则,那就及时调整规则之后再执行。"

规则调整之后,我有了新的选择

当我看到调整之后的规则,心情一下子开朗了许多。规则不是为了被动遵守,而是为了更好地使用电脑、更好地与朋友交流。

也就是说,为了达成这一目的,并不是只有每天发 30 封电子邮件这一个方法,还有其他更为和缓、更易执行的方法。

有了这次经历,在此后看待规则时,我会有不一样的看法,也会有灵活的应对方式。

在进入大学后,限制使用手机的约束被解除了,我开始一个人生活。自此,父母很少再批评我生活中的一些坏习惯。所以,我的邮件上瘾症、LINE① 秒回症又发作了。

但后来,我逐渐给自己立下这样的规定:和某人在一起时,为了尊重对方、集中精力,不看手机;不要一直回复邮件、LINE 等,多享受和对方见面的时光。

我所做的这些都与爸爸教给我的信条有关:不能轻易违背规则;若无法遵守规则,那就及时调整规则之后再执行。

---

① 一款即时通信软件,类似我国的微信、钉钉等。——编者注

父亲的评论

即使是企业间签署重大的商务合同，也会根据实际情况进行更改，父母和孩子之间的约定也不可能是一成不变的。只是要注意，作为父母，我们不能单方面地打破约定，否则会失去孩子的信任。如果真的需要变更，那么一定要让孩子理解变更的必要性，这才是变更规则的意义。而我那天如此暴怒地训斥孩子，正是想让她理解规则的重要性。

学会表扬前，首先要学会倾听

｜ 即使是小事也应及时表扬，但要考虑孩子的性格

为了明白什么是"表扬"，我查了辞典。《大辞林》的解释是"口头说出较高的评价语"。《大言海》的解释是"说好话"。法国思想家拉罗什福科（La Rochefoucauld）曾说过："人一受到表扬，就会更加努力地磨炼自己，发挥自己的长处。他的才智、容貌、勇气也因得到别人的赞扬而被无限放大，他会更加注意锻炼自己。"

但是，真实的情况可没有表面看上去那么简单。单凭"好厉害""了不起"这类话根本无法让孩子体会被表扬的感觉。

想要成为善于表扬孩子的父母，要遵循以下几个诀窍：①尽可能及时地表扬；②即使是小事也要表扬；③从孩子的（或者应该说是家长和孩子共同的）价值观出发提出表扬。

前两个诀窍可以结合起来使用。对于孩子所做的一些小事，父母完全可以使用刚才那些较为简单的表扬用语。日积月累，父母就会练就对表扬的敏感度。而如果孩子对自己的某个成绩稍显自满，家长便可附和一句"××都可以做到呢"，这样就足够了。

到底多高的评价才叫高呢？这取决于孩子的性格。

当你说出"好棒""好厉害"时，其实不知不觉地把自己摆在了高于对方的位置。而如果你说的是"再多和我说说吧""教教我，你是怎么做到的"，你所表达的才是对对方由衷的赞赏。

我妈妈就是用上述方式表扬我的。只要我在看书时提出了点稍有深度的见解，她就会立刻发出赞叹："原来如此！下次知道别的也要告诉我！"

现在想想，她或许未必真的对这些知识感兴趣，但我因此看了更多的书。

但是，对于这种赞叹，不同的孩子，反应也不同。有的孩子会为此情绪高涨，有的孩子则完全相反。在我家，大女儿和二女儿属于情绪高涨型，三女儿则完全相反。

三女儿会认为，"妈妈有没有兴趣没关系，直接夸我厉害，我的心情会更好。"

夸奖前，一定要先听听孩子最在意什么

第三个诀窍，即从孩子的价值观出发提出表扬。表扬和批评的目的，是希望孩子保持某个行为（赞扬）或停止某种行为（斥责）。所以，一定要让孩子明白这些目的，不然做什么都不会起作用。

对孩子来说，什么才是重要的事情呢？作为父母，我们先要抓住这个重点。比如，你夸奖孩子穿的衣服："很棒的搭配呢！"但是，如果对孩子来说，衣服的搭配是无所谓的事情呢？如果他只看重鞋子的搭配呢？那么，你在衣服搭配上夸赞他，不会产生多少效果。

因此，父母一定要先听听孩子最在意什么，表扬的前提是倾听。假如夸奖孩子的画作，可以先问："这幅画，画得真好啊！你最喜欢这幅画的什么地方呢？你画它时采用了怎样的手法呢？"

如果孩子说"我是用了好多颜色画出来的"，那么家长就应该多赞扬画作的用色。

表扬孩子的目的不是给出正确的评价，而是为了激发他们的积极性（自我肯定感）。

真实案例 6　父母不应该当裁判

>>>>>>>>>>>>>>>>>>>>>>

——来自二女儿

｜ 我的父母从来不在我们吵架时出来调解

虽然我们姐妹三人现在的关系可以说是不错，但我们在小时候经常吵架。

在我上小学前，姐姐总是能够完全猜透我在想什么。很多时候，我描述不出自己的心情，姐姐就可以。这样一来，每次和姐姐吵架，我都会先输在气场上，然后我就会忍不住拳脚相加。

当然，爸爸妈妈看到我们动手打架，一定会严厉地斥责我们："姐妹吵架怎么可以动手呢？都给我停下！"但也就是这些了，他们从来没有站出来给我们评评理。

"发生什么了？""为什么要吵架？"……和事佬才会说这种话。

孩子之间的吵架本来就不会持续很长的时间，有很多时候根本用不着父母出面仲裁。但爸爸会要求我们自己处理导致我们吵架的问题。不管责任在哪一方，爸爸要求吵架的当事人都要思考问题到底出在哪里，给出防止再次吵架的对策。

尽管如此，我们该吵架时还是会吵的。但当爸爸要求我们思考原因、给出如何防止再次吵架的对策时，吵架早就结束了……

| 不当裁判的意义

另外，因为父母从来不会出面当裁判，所以那些"不是我的错""对方先 × × 的"之类的辩解毫无用处——根本没人听这些话。

假如父母在孩子吵架时充当裁判，那为了争取有利形势，孩子多半会努力撒谎吧。但因为没有裁判，没人听自己的主张，孩子在吵架时无法取胜，吵下去也就没有意义。

父母只会因为吵架时我们互相动手或把对方弄哭而训斥我们，所以时间长了，我们自然就明白了动手或把对方弄哭这样的行为是不对的。

我想父母不在孩子吵架时充当裁判还有一个更重要的意义：让孩子感觉父母是不偏不倚、平等对待所有孩子的。

如果一方动手了，但他说出自己动手的正当理由，而父母因为听信这个理由就无视这一明显犯错的举动，反而成了这一方的后援，那么另一个孩子会怎么想呢？

如果有一方可以凭借说谎而获得父母的支持，情况就会更糟。另一个孩子一定会认为自己是被抛弃的、不值得信任的人。

因此，比起父母打着爱的名义出面仲裁，不如让孩子自己处理、达成和解。这样，孩子感受到的爱会更多。

至少，三谷家的女儿们觉得自己是被爱着的。

父亲的评论

在三女儿 5 岁左右时，她们姐妹三人吵架，都跑过来找我诉苦。大女儿和二女儿都说是三女儿做错了，但三女儿坚决不承认。从堆积如山的证据来看，明显是三女儿做错了，可三女儿睁大眼睛、一动不动地说："不是我！"那一瞬间，我突然意识到或许不能只看这些证据，她们自己一定知道真相，所以我决定不扮演裁判的角色。

当然，为了让她们自己和解，我也是苦口婆心地劝架。

有时大人（父母）为了劝架，最后反而和孩子吵起来，这是很愚蠢的做法。因此，让孩子自己意识到吵架的原因，主动和解，并且想到预防问题再次发生的方法，这才是较好的策略。

在互相批评和称赞中，让兄弟姐妹的关系更融洽

｜ 平等、不仲裁、给长子或长女一个秘密任务

可以说，兄弟姐妹是这世间最亲密的关系。即使父母不做出什么努力，他们也会相亲相爱，守护彼此的情谊。

假如你家不止一个孩子，这里有一些可以让他们关系更加亲密的方法。

（1）平等。如果兄弟姐妹之间有绝对的上下级关系，那怎么可能会碰撞出真诚的火花呢？想让孩子具备平等的意识，就不要考虑孩子的年龄差或其他可以分等级的因素。在家中，甚至连兄弟姐妹的称呼都可以省去，互相直呼对方的名字，这也许是达成平等关系最有效的方法。[①]

（2）从来不为孩子们的吵架做裁判。如果他们吵架了，怎么办？先赶出去再说！他们和好了，再让他们进门。这时，你就会发现，他们基本上会立刻和好。孩子们心里清楚谁是谁非，但如果父母出面仲裁，稍有不慎就会面临信任危机。所以吵架之后和好的问题，就交给孩子自己处理吧。

（3）给长子或长女一个秘密任务。这听起来似乎和第一个方法矛盾，但具体如何设定，让长子或长女自己决定吧。注意，不要让其他孩子知道这个秘密。孩子是非常喜欢秘密的，并且长子或长女可以带领弟弟妹妹好好相处，难道这还不值得我们欣慰吗？

当然，以上这些仅供参考，绝对没有说只有这样做，兄弟姐妹之间的关系才会更和睦。每个孩子、每对父母都是不同的，正因为如此，我们才要找到更符合自己家中情况的"秘籍"。这是每对父母的任务。

---

① 我家也尝试过让孩子互相叫名字，而不是以姐姐、妹妹相称。但在暑假期间，她们去老家长住，被我妈妈矫正了过来，所以效果好不好难以判断。

互相赞扬又互相批评的姐妹

我们家的三个姊妹花很爱聊天，并且经常会互相称赞。

有一天，三女儿和二女儿聊升学的问题。我认为虽然三女儿很努力，但她填报的第一志愿还是有点不切实际，她很难考上。但二女儿却非常坚定地对我说："小葵是我们的妹妹，怎么可能考不上！爸爸，你不要这样讲！"

虽然她夸赞的不是我，但在那一瞬间，我还是被她们姐妹之间无比的信任感动了。

二女儿一直在主动扮演三女儿的管理者角色。对这个比她小4岁的妹妹，她似乎一直在以"妈妈和大姐都不靠谱，只有我能管得了你"的气势对待她。

拥有兄弟姐妹可真是一件好事啊！

真实案例 7　公交车内是非常重要的练习场所

>>>>>>>>>>>>>>>>>>>>>>

——来自大女儿

一家人一起乘坐公交车……

我们一家人一起乘坐公交车，遇到空座位，一定是让妈妈先坐。如果还有其他座位空着，爸爸和我们姐妹三个也会坐下。不过，一旦附近有老年人或孕妇，要马上让座，让座首先从孩子开始。

小时候，我非常内向，对我来说，和陌生人说话简直是件"要命"的事情。因为要主动搭话，所以我非常讨厌在公交车上让座。但如果一旁的爸爸提醒我赶紧让座，我又无法反抗时，最后我只能站起来走到一边，用蚊子般的声音嗫嗫一句："请坐"。

其实有好几次，那些人会拒绝说："下一站要下车。"即便如此，爸爸还是会对我说："做得好棒！"爸爸的赞扬使我慢慢地不再讨厌和陌生人搭话。

习惯真的很"可怕"。

在这种反复练习中，我慢慢地习惯了"让座"这件事，甚至在不知不觉间已经变成某种条件反射——看到需要帮助的人，我会立马起身，招呼对方。

即使是以前讨厌的事情，也会在反复练习中逐渐习惯

进入大学后，我尽量在上下班高峰期以外的时间乘坐公交车，即使旁边没有人给我壮胆，我也能一下子就把座位让出来。甚至看到有人在路边东张西望，我都会主动询问对方是不是要问路。

虽然帮助别人这件事无须被说教之后才会去做，但总有人会在帮助别人之前经历各种犹豫不决吧？为了能让自己更果断、更习惯性地帮助别人，从小开始的练习是非常有必要的。虽然当时作为孩子的我经历了一个害羞和厌恶的过程，但我依然感谢爸爸让我从小就明白自己是一个对他人有用的人。

父亲的评论

做"与众不同"的人，需要勇气和信心。有时即使做了，如果结果失败，我们也会为此消沉吧？要跨越这道障碍，就必须注重发挥习惯和表扬的作用。即使让座不成功，也要表扬孩子的行为。我们可以接受失败，因为我们更看重那个敢于挑战自我的孩子。

第 **4** 章

正确的亲子
沟通方式

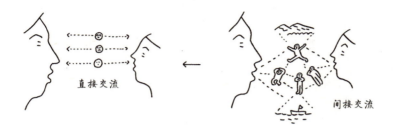

直接交流　　←　　间接交流

沟通的核心在于语言。家长可以通过提高孩子的阅读能力培养他们的语感。如果孩子的语感很强，那么他的同理心也会得到提升。这会让他们体会到与他人建立友谊的幸福感。

在沟通上，孩子需要双向表达能力。父母应该首先做到用句子说话（而不是只言片语），其次应该学会倾听。

请记住一个成语：请自隗始！（比喻自愿带头）

亲子沟通的黄金法则

| 没有沟通能力 = 没有决策力

决策力分为两种：个人决策力和团队决策力。正如我们将要在第 8 章讲到的，通过团队合作进行高效试错、实现不断创新，今后将成为主要趋势。所以，一个团队能否做到快速地做出决策是其成败的关键。

一个团队做出决策需要 4 个步骤：①独立思考；②向对方传达自己的想法；③倾听并理解对方的想法；④商量对策。其中，步骤②和步骤③所需的沟通能力在团队决策力中扮演着至关重要的角色。

而重中之重的是语言沟通能力。

在人际交往中，既存在语言沟通，也存在非语言沟通（表情、动作等）。非语言沟通的作用不容小觑，笑容或点头致意会让人觉得安心，服饰的选择和身体的姿势则会影响人们对你的信任度。

但是，摆在第一位的应该是语言沟通，因为正是语言沟通将人类和动物区别开来。并且，语言沟通能力与决策力密不可分。

　　人类的语言系统十分复杂，不但有名词、动词、助词等词汇类别上的区分，而且有时态、语法上的区别。人类需要运用语言思考，表达未见之物。

　　听日语长大的人，说的自然是日语；听英语长大的人，说的自然是英语。如果一个人对语言的掌握程度较差，那么他的思考模式也会受到影响。

　　比如，如果孩子只能用"不要""讨厌""茶"等单个词汇进行交流，就说明他的头脑中也只存储了这些词汇。那么，他在阅读长篇文章时就会非常吃力。

　　尽量用句子交流，这是提高自己沟通能力的首要训练方法，我将其命名为"脱离词语周"。

良好沟通的前提是倾听

　　父母都希望向孩子传达自己的想法，同样也希望孩子能够向自己传达他们的想法。那么，所谓的"传达"到底是什么呢？

　　不管传达什么，传达完成的标志是让对方理解自己传达的内容，其思想和实际行动会因此而变化。如果不是这样，则说明传达是无效的。

　　为了让对方的思想和实际行动发生变化，让对方干劲十足，就需要以下3个要素：自我决策感、掌控感、与人交流。

　　最后一点，与人交流也被称为"得到自己看重之人的认可"。对我们来说不重要或无所谓的人，不管他们说了什么，对我们的影响都不会太大。但自己看重的人就不同了，他们的言辞和态度会对我们产生较大的影响，尤其是他们是否认可、接受我们。

如果父母不尊重孩子的心情、表达或行为举动，那么反过来，孩子也不会尊重自己的父母。作为父母，我们不要随便揣测孩子的想法，一定要先认真倾听孩子的想法。

不管是失败的借口、哭泣的理由，还是在学校引以为豪的事情，当孩子愿意对你说时，千万不要插嘴，请保持微笑听到最后！

创造可供谈话的场合

在家庭生活中，需要沟通的场合有很多。从说"早安"开始到说"晚安"结束，家庭的日常沟通非常重要。

让我们创建更多可供谈话的场合吧！只有两个人的场合，只有孩子的场合，有陌生大人参与的场合，网络聊天的场合……所有能让孩子说出完整的话、认真倾听的场合。

1 分钟演讲赛：每人演讲 1 分钟，选手在演讲时，谁也不能插嘴。

亲子散步：可以全家一起散步，不过，偶尔只有爸爸或妈妈一人带着一个孩子也不错。

家庭派对：聚集父母的朋友或熟人的派对，孩子在这时要充当父母的助手。

家庭 LINE：一家人组成群聊，在里面可以讨论严肃的事情，也可以做猜谜之类的游戏。

如果父母很难做到从倾听开始，那就尝试先说话后倾听吧！比如可以问问孩子："刚才爸爸说了这么多，你觉得最重要的事情是什么？"不管孩子说出怎样的见解，你一定要有全盘肯定的勇气："是的！就是那样！"

脱离只言片语，让语言有温度，让沟通更高效

不要只说只言片语，要说整个句子

脱离只言片语就如同字面的意思一样，请不要只用一个词语或短语表达自己的想法。孩子经常会只说一个词，如"不行""不要"等。在表达需求时，孩子也只会说一个名词，如"饭""鞋"等。

脱离只言片语就是禁止只使用一个个的词语交流。父母和孩子可以在家里举办一个"脱离词语周"活动，即每天都要互相监督和评价，自己今天是否只用了一个词语进行沟通；然后以周为单位循环进行。

所谓"脱离只言片语"，反过来说就是说完整的句子。"不行"

之类的话不算是回答，应该说"我在看电视，所以做不了"。你的答案应该符合5W1H分析法[①]。只要做到这一点，父母和孩子、孩子之间的争吵就会减少，家人的措辞能力会提高，亲子之间的沟通也会增加——孩子的沟通能力就是这么提高的。

而且，说不定孩子会比平时更愿意帮忙，把房间收拾得更干净。

为了达到这一效果，我们需要做出以下两个方面的努力。

- 父母自己要做到脱离只言片语。
- 当孩子要鞋子时，家长应该回一句："妈妈可不是鞋子呀！"

这听起来有些麻烦，但实际就是这样。

父母的改变之一：从自己做起，时刻提醒自己

如果家里开始尝试"脱离词语周"活动，首先可能做出改变的不是孩子，而是父母。我们很快就会意识到自己之前的交流是多么简短化：早上开始就是"快起床""赶紧吃""快点""钥匙"，晚上回来就是"快写作业""复习""赶紧收拾""洗澡""睡觉"……

一般在家里，爸爸说单个词语的情况更多，经常听见他们在家里喊"洗澡""饭呢""啤酒（或者茶）"。家里一旦开始实行"脱

① 5W1H 原则要求人们在面对选定的项目、工序或操作时，从原因（why）、对象（what）、地点（where）、时间（when）、人员（who）、方法（how）等6个方面进行思考，从而找出解决问题的方法。——译者注

离词语周"，孩子会比父母更容易察觉谁在用单个词语说话："妈妈，你又只说了一个词！"

因此，全家人一起努力尝试"脱离词语周"活动吧！正如很多人都知道的那样，孩子模仿父母的程度超出你的想象！尤其是坏的方面，他们模仿起来是最快、最容易的……

所以，父母首先要做到用符合5W1H分析法的句子说话，不要总是说单个词语！

父母的改变之二：变成"装傻"的父母

二女儿在上幼儿园时，别说是用单个词语交流了，有时甚至只发出一两个字。

想要什么东西时，她只会说"要"；不想要什么东西时，她只会说"不"。为什么会这样呢？据我分析，因为她有一个比她大两岁、语言能力强的姐姐，而且姐姐非常体谅和照顾她，她说单个字时，姐姐全能听懂。两个人每天上同一个幼儿园，在家也是黏在一起。因为在语言沟通上没有任何不便，所以也不能责怪二女儿不愿记住更多的词汇——确实没必要！

在大多数家庭，则是父母抢先充当我家大女儿的角色。

在孩子说话前，在他们尚未恰当表达想说的意思时，经验丰富的父母早已给出自己的推测："孩子一定是这样想的！"然后提前帮他们准备好了。他们没有意识到，孩子的独立思考能力和沟通能力会因此削弱。

非常体谅孩子的父母，只要孩子说一句"鞋子"，就立刻回答："鞋子已经洗好晾干了。"孩子在说话时，父母不要反应得如此迅速。试着成为不体谅的父母吧，这样可以引发孩子更多的思考、说出更多的句子。下次孩子说了一句"鞋子"，父母可以回一句："你在叫谁呢？我可不是鞋子呀！"

如果孩子回答："鞋子脏了。"你不如问他："怎么办才好呢？"

这些听起来虽然有些麻烦，但我还是建议父母们这样做，因为你很有可能收获意外的惊喜。

对父母来说，最麻烦的就是孩子没有心情配合循循善诱式的训练。举办"脱离词语周"活动，虽然像玩游戏一样，不过不可能全是开心的事情。有时，也会遇到孩子不愿意跟你玩的尴尬场面（这种情况，以男孩居多）。

但是，父母一定要忍耐。不要孩子说了一句"好麻烦"，父母也觉得没意思，就放弃了这个活动。暂时无视孩子嫌麻烦的情绪吧，你也可以先说出孩子的情绪："对，是有些麻烦，但要不要试一下呢？"父母可以以这种方式劝说孩子加入活动。

孩子嫌麻烦，或许是因为没有意识到"脱离词语周"活动背后的意义，这就需要父母向孩子说明。假如你的孩子很爱踢足球，你可以告诉他："这么做会促进你和队友更好地沟通，这样就更容易赢得比赛。"如果孩子愿意配合，哪怕配合得差强人意，父母也应该好好鼓励。让孩子拥有成就感，这样才会促使他继续配合。

嫌麻烦的障碍，需要父母和孩子一起跨越！

对孩子的改变之一：心情更舒畅，沟通更顺畅

"脱离词语周"活动会给孩子带来怎样的变化呢？东京世田

谷区的芦花小学每年都会要求全校家长实行"脱离词语周"活动，这一传统已经保持了7年。每次活动结束后，学校都会向所有孩子及其监护人发起问卷调查。

在学校问卷上自由留言的板块，我们经常可以看到精彩的评论。很多父母都会说，因为举行这个活动，孩子不仅提高了语言表达能力，而且生活的很多方面也因此而改变。

首先，低年级学生，特别是一二年级的学生，说得最多的是"每天看到那些贴纸①，很好玩""被爸爸妈妈表扬，很高兴"之类的话。很多孩子也表达了"脱离词语周"给自己的生活带来的实际改变。

> 美好的话能让身体觉得温暖（一年级学生）。
> 一起玩脱离词语，家里的气氛更融洽了（一年级学生）。
> 很少再和小两岁的妹妹吵架了（一年级学生）。
> 脱离单个词语能够很好地表达自己的心情（大多数）。
> 说话时心情很愉快（大多数）。

孩子自己也会意识到，不再说只言片语，而是说完整的句子，不仅能够更好地传递所思所想，还能与他人的关系更融洽。大家的心情都变得更愉快，这不正是沟通的力量吗？

---

① 孩子和父母要根据当天对话的顺利程度进行互评，评价要写在贴纸上留存下来。

对孩子的改变之二：有更多的交流，能够自己倒茶了

"脱离词语周"活动同样可以使孩子的行为举止发生变化。孩子通过语言接触到别人的心情，在待人接物时就会变得更加温柔，这当然会体现在行动上。

在之前没有认真对待的事情，孩子此后会意识到，然后努力去改变。

　　不再说令对方讨厌的话（五年级学生）。

　　平时很少和家人聊天，通过"脱离词语周"活动，我变得更善言谈并学会了表达感谢（六年级学生）。

　　总爱说"做不到"，然后就放弃了钢琴练习，现在又照着自己的方式在每天练习（四年级学生）。

　　孩子在要喝茶时，从只会说"茶"变成"给我倒茶"，最后能做到自己倒茶了（二年级学生的父母）。

在面向监护人的问卷调查中，很多父母自己也做出了反省：之前抢先表达自己的看法，根本没有好好听孩子说话。所以，请家长坚持忍耐，想办法让孩子多说话吧。为了用语言表达自我，孩子会认真地思考。思考之后，孩子对事物会有自己的判断，在行动上也会做出改变。

人类是使用语言的动物，但语言本身也在束缚我们，使我们的行为发生改变。为了提高孩子的语言表达能力，请一定尝试"脱离词语周"活动！

目标！成为最佳支援者

日本足球协会发起的最佳支援者活动

三女儿在上小学四年级时，收到一本当地足球少年团发放的宣传手册，封面上写着《目标！成为最佳支援者》。

这是日本足球协会专门为孩子的监护人制作的宣传手册。但说到内容，这本手册里既没有足球技术的解释说明，也没有对父母支援的请求。

说来大家可能不信，手册里列满了对父母过度热情、过度保护、过度干涉等问题的训诫！在这里，我不妨摘出部分内容给大家看看：

> 梦想不是你的，是孩子自己的。
>
> 对爸爸说的话：足球指导就交给教练吧！
>
> 球场上没有敌人，大家都是重要的伙伴。
>
> 足球会教给你比胜负更重要的事，那就是敢于不断试错。

许多足球比赛对胜利的渴望和狂热已经高于一切，尤其在比赛最后的几分钟，连教练都会在场边大喊大叫："赢取时间！把球踢出场外！"

为了让孩子赢得比赛，当对手球员把球踢出赛场时，有的父母会故意装作看不见，让对方球员自己跑出来捡球，这样可以多消耗时间。

但是，这还是让孩子快乐的足球运动吗？赢得比赛就是孩子练习踢足球的目的吗？如果把赢得比赛当作唯一的目的，孩子又能坚持踢足球多久呢？

日本足球协会提出的第一个目标就是让足球运动成为孩子的一生所爱。

退役运动员才是核心支援者

可以说，橄榄球运动是美国的国民运动，而把这项国民运动发挥到极致的便是美国职业橄榄球大联盟（National Football League，NFL）。

NFL 被称为世界上最成功的体育商业经济体，32 支球队可以做到全部盈利，其商业价值最低达数亿美元，最高可达 42 亿美元（是指达拉斯牛仔队，即 Dallas Cowboys，这一数据的统计截至 2017 年）。

NFL 同时把目光瞄准了全球市场，在海外积极发现并培养优秀选手，开发独立的海外经济体。

NFL 的目标是在全世界范围内拥有更多的橄榄球爱好者。那么，如何做才能让大家爱上橄榄球运动呢？

为了普及橄榄球运动，NFL 在多年的活动中总结出如下两点。

- 狂热的"粉丝"会吸引普通"粉丝"。
- 很多核心"粉丝"都曾是橄榄球运动员。

足球运动也是同样的道理。日本足球协会想要的不只是有才能的选手，更是一生热爱足球运动的人。足球运动需要一生为之痴爱的核心支援者。

父母不要把足球运动当作孩子出人头地的手段，或者当作战斗的场所，而应该希望足球运动成为孩子一生的朋友。因此，日本足球协会才强烈地呼吁父母不要对孩子在足球比赛中的胜负过于热情。

日本球员的不足之处：缺乏独立的判断能力和语言表达能力

为了让日本的足球水平更强，日本足球协会在《加油！成为最佳支援者》的宣传手册中提到需要反思的部分，那就是日本球员缺乏独立的判断能力。

日本球员非常尊重教练的指导，他们可以非常出色地完成所有指示。但如果遇到紧急情况或者比赛状况超出预想，他们很难做出自己的判断，进而采取恰当的行动。

能够自己做出判断并对自己做出的判断负责，然后把判断传达给队友，难道不是球员理应具备的素质吗？但对日本球员来说，他们却很难做到这些。

如果每名选手都缺乏独立的判断能力，无法做到有逻辑地思考、决策、传达，日本足球的水平怎么可能得到提升呢？但想要达到这些目标，没有家庭的帮助是无法实现的！

所以，这本手册是从警示父母"让孩子自己准备""不追究失败，给予支持"开始的。其中给出了一系列面向亲子沟通的语言训练。

语言训练之一：假装不明白

父母不要抢先说出孩子的需求。父母应该故意装作不知道，然后促使孩子将自己的想法用语言表达出来。

如果孩子说了一句"鞋子"，父母千万不要立刻回答："鞋子不是昨天洗了、放在阳台上了吗？"而应该首先问一句："鞋子怎么了？"

语言训练之二：不要说暧昧不明的词汇

在与孩子交流时，如果孩子的回答暧昧不明，那么父母千万不要就此放过，而是应该一直追问清楚为止。允许暧昧的回答，就等同于怂恿放弃思考、放弃沟通。

当问到是否对某事感到开心时，如果孩子回答"还行"，那你该怎么办呢？当然是继续问下去。"'还行'就是不开心吗？""不开心就停下来如何？"一定要问出孩子明确的想法。

除此之外，这一训练法还有一些小窍门，例如不允许孩子只使用拟声词等"无法量化"的词语，一定要让孩子经过具体的思考进行语言表达。另外，可以通过问答游戏加强孩子的逻辑训练等。

"脱离词语周"来源于最佳支援者活动

如果只用暧昧不明的方式表达，只用省略前提和 5W1H 法的只言片语式的方法，这是缺乏逻辑性和表达能力的表现。

日本足球协会认为，就是因为缺乏逻辑性，日本足球运动员的水平才不能提高。为了让日本足球达到世界前十的水平，拥有在世界杯上争夺冠军的机会，日本足球运动必须从培养小学生开始。因此，它印制了这本手册，从 2004 年年底开始，向日本少年足球迷的父母们分发和传阅。

3 年之后，恰巧三女儿也开始练习踢足球，于是我们收到了当地少年足球团发放的手册；又过了 3 年，学校和家庭为了提高孩子的沟通能力，发起了"脱离词语周"的活动。现在知道了吧，"脱离词语周"极有可能脱胎于最佳支援者活动。

用"1 分钟演讲赛"提升团队的沟通能力

┃ 让我们了解"1 分钟演讲赛"

"1 分钟演讲赛"就如字面意思一样简单：父母和子女各发表 1 分钟的演讲，并在演讲后回答对方提出的疑问。

首先是做好演讲准备，即想清楚在 1 分钟之内自己想说什么。主题比较宽泛，甚至可以是今天发生的事情。

接下来是正式演讲。在家里，我们可以用厨房计时器或手机计时。当然，演讲可以在 1 分钟的基础上超过几秒钟或缺少几秒钟，但演讲结束后要告知演讲者所花的时间。演讲时间超过或少于原有时间 5 秒钟，听众都应该给予掌声。

最后是问答环节。注意，每个听众只能提一个问题，而演讲者也只需认真回答这一问题。

一轮演讲结束后即可反转角色，刚才的听众变成演讲者，演讲者变成听众，进行下一个 1 分钟演讲，演讲者同样应该认真地回答每位听众的提问。这样的演讲从准备到结束，总共需要花费 5 分钟左右的时间。我们可以每天安排一个固定的时间进行一次 1 分钟演讲，比如在晚餐之前。

在"1 分钟演讲赛"里，禁止打断演讲者的演讲，他可以畅所欲言。因为演讲后需要提问，所以听众听得也会格外认真。

演讲者能够轻松自如地表达自我，听众也不只是单纯地"听"而已，这不正是沟通应该有的样子吗？说的人好好说，听的人好好听。

| 在"1 分钟演讲赛"的第一天，大儿子说：很高兴

通过协商，山田家制定了一项新家规，那就是以妈妈为中心，每天进行一场"1 分钟演讲赛"。

每人用 1 分钟的时间讲出今天遇到的事情以及所思所想，然后周围的人针对演讲内容逐一提问。这样做有什么好处呢？首先，训练 1 分钟不插嘴，认真听。1 分钟转瞬即逝，如果不好好思考说话的逻辑，就会感到还没说完时间就到了。其次是训练自己的语言组织能力。

山田家的妈妈对"1 分钟演讲赛"开始也有些畏难情绪，尽管如此，她还是把它定为家规。原因是家里的两个儿子（当时分别上小学三年级和一年级）非常喜欢热闹，也很喜欢聊天。为了训练他们的倾听能力和语言组织能力，山田家的妈妈决定开展"1 分钟演讲赛"活动。

第一次比赛是在晚饭前进行，按照妈妈、爸爸、小儿子、大儿子的顺序依次进行演讲。妈妈可能有点准备不足，没说几句就卡住了。爸爸的演讲还是采用说教的方式。不过孩子的问题如排山倒海而来，这让演讲变得很有趣。小儿子在演讲时只说了 25 秒，但他觉得大家都在认真地倾听他的演讲，这让他很满足。

大儿子表现得很好，他说了 65 秒。"今天在学校的理科课堂上遇到这样一件事……所以我很高兴。"

妈妈对此非常吃惊，她没想到儿子不仅说了，还很好地表达了他自己的想法。平时没什么耐心、做什么事情都嫌麻烦的大儿

子，那天充分利用这 1 分钟的时间详细地描述了自己遇到的事情和内心的体会。

妈妈反省：平时父母总是单方面地问孩子"怎么样"，从来没有主动为孩子创造可以独立思考和认真表达的机会。通过"1 分钟演讲赛"，大家明显体会到家人之间的距离瞬间被缩短了，彼此发现了很多之前不知道的事情！虽说每人只能演讲 1 分钟，但获得的信息比平时的 10 分钟还要多。

在"1 分钟演讲赛"的第二天，小儿子说："我很担心哥哥。"

1 分钟演讲赛后的第二天，山田家出现了一点小状况：小儿子与刚值完夜班的爸爸发生了争执；而大儿子因为在晚饭前没有完成要做的事被训斥了，一肚子委屈。

这时，妈妈突然意识到：现在这种情况更应该进行"1 分钟演讲赛"！于是，她决定把当天的比赛推迟到晚饭后进行。大儿子闷闷不乐地说："实在不行，今天就算了吧，不要勉强。"

但比赛还是举行了。这回是小儿子先发言，他用了 35 秒的时间陈述了哥哥在晚饭前被父母训斥的事情（比前一天多了 10 秒）："今天哥哥被爸爸妈妈批评了……"

说完之后，妈妈提问："那你是怎么想的？"

小儿子答道："我很担心哥哥。"

他的回答使家里的氛围瞬间发生了变化。大家都想当然地认为，平时吵吵闹闹的，现在弟弟看到哥哥被训斥，应该是带着幸灾乐祸的心情在一边看热闹，没想到他说了一句"我很担心哥哥"。这让我们感到十分意外。

爸爸做出反省，孩子们笑了。妈妈说：家里的阴霾一扫而光

"接下来谁发言？"

爸爸突然举起了手。刚才他可是一直阴沉着脸呢。

在演讲的开头，爸爸这样说道："我今天真的很困，很烦躁，而儿子一回来就发各种牢骚……所以我没忍住，就发火了。这是我的错，对不起。"

于是儿子们笑了，好像突然有一股柔和的风吹来，把家里的阴霾一扫而光。平时很难说出口的话，在"1分钟演讲赛"中都可以坦诚地说出来。

最后连大儿子也发表了演讲，他用了55秒的时间把自己当天经历的事情（他在学校里进行了一次探险活动）和兴奋的心情全部表达了出来。在接受大家的提问时，他看起来也很愉快。刚才那个闷闷不乐的孩子消失了！

妈妈感慨道："大家心情不好的时候，才更要进行'1分钟演讲赛'。1分钟的演讲具有改变氛围的魔力！"

真实案例 8　最重要的是认真听我说话

>>>>>>>>>>>>>>>>>>>>>

——来自大女儿（上小学时）

| 交流始于倾听，即使我说了一段很长很闷的话……

我认为，在与家人的沟通中，最重要的是一定要认真地聆听对方说话，全家人都应该做到这一点。认真倾听会建立家人之间的信赖感。这种信赖感不正是好好沟通的重要因素吗？

小时候，每当我想和爸爸谈一谈时，即使观点很不成熟，表达也不流畅，爸爸也一定做到认真倾听。当然，他也会经常反驳我，但认真听我说话这一点对我来说无比珍贵。

在上小学时，我曾是"哈利·波特"系列的狂热粉丝。爸爸发现后很认真地问我："这个真的很有意思吗？书中讲了什么故事呢？"

我开始得意扬扬地向爸爸描述《哈利·波特与魔法石》中的情节，我几乎讲完了全书，连最喜欢的台词都一字不落地背给爸爸听。现在想想，这真是一个漫长的过程，但爸爸一直认真地听着，还不住地点头。

其实在讲书时，我自己也能察觉到这本书长到我都不知道自己在说什么……其实直到高中，我一直都弄不懂书中的梗概到底是怎么回事。但我从未停止向爸爸诉说的欲望，因为不管怎么无聊、漫长，我知道他一定会认真地听到最后。

如果，在我叙述时爸爸插了一句嘴"你说得太长了"，说不定我就会意识到话说得太长也会惹人厌烦。但也很有可能因为这份小心，我向别人表达自己心情的意愿会大幅降低。

从小到大，爸爸会认真听我说话的样子给我留下了深刻的印象。即使做了错事要挨骂，他也会先认真听完我的全部辩解。这大概是他想让我养成有话一定要说的习惯吧。

父亲的评论

说真的，对我来说，听孩子讲这些没头没脑的话并不是一件痛苦的事，甚至还有些愉快。在她们混乱地讲述时，我一边分析，一边咯咯笑着认真地听。女儿们都在努力、认真地向我传达她们的想法，所以不管有多忙，我一定会认认真真地听她们说话！

>>>>>>>>>>>>>>>>>>>>>>>

真实案例9　和爸爸一起散步：有人倾听的感觉，真的很温暖

>>>>>>>>>>>>>>>>>>>

——来自二女儿（上小学时）

爸爸每次只带一个孩子散步

小时候，爸爸经常带我出去散步。有趣的是，即使我们姐妹

三人都在家，他每次也只会带我们其中一个人出去。

对当时的我来说，不论散步的路程，还是跟上爸爸走路的速度，都是极其辛苦的。每次收到爸爸的邀请，我的脑袋里总会冒出"又要和老爸散步了，好累啊"之类的想法。他带着我一边逛一些成人服装店、书店、公园，一边聊天。

在大多数时候，爸爸总会一边说着"不如今天去这边逛逛吧""那条路好像之前从来没走过"，一边很随性地领着我走过各种陌生的街巷。

一开始我很担心，既然是不熟悉的路，万一走丢了，回不了家怎么办？虽然心里怕得要命，但还是和他一起走了。

走着走着，我看到很多平时从未见过的、时尚的咖啡店，喝了之前从未喝过的饮料。总之，每次都会有新鲜的事物。走了几次之后，我发现我的体力慢慢变好了，不仅不会觉得累，还能和爸爸讲很多话。这是专属于我和爸爸的谈话时间。我渐渐意识到，能和爸爸单独散步是一件多么珍贵的事情啊！

有人倾听的感觉，真的很温暖

上了大学，远离家乡，和爸爸散步的次数也越来越少。在暑假或者过年回老家时，我一定会和爸爸出去散步。有一天，我给爸爸写信："好久没和爸爸散步啦，下次回家别忘了。"权当是预约。

爸爸不会在周末带我们去游乐园或者陪我们一起玩玩具，但他会好好安排和我们接触的时间。他不会让我们一个人在公园玩耍，然后自己站在一旁看着，美其名曰"陪伴"。在陪伴时，他需要和我们面对面地交谈。

因此，每次和爸爸散步，我都格外珍惜相处的时光，拼命地让自己说话。为了和爸爸谈得来，我会问很多宇宙或其他与科学相关的问题，慢慢地学会了如何把自己的经验和想法用语言表达出来。

爸爸从来没有打断我。虽然父母都很爱说话，但只要我开始说话，他们就一定会认真地看着我，仔细地听。他们不仅不会插嘴，还会一边点头一边认真地听。

有人倾听的感觉，真的很温暖，对孩子来说，这种体验尤为重要。父母能够一直认真地听我说话，让我非常感念。我也逐渐明白，沟通始于倾听，一定要好好听对方说话。

父亲的评论

二女儿在上小学时，曾经觉得和我说话很麻烦。她问我问题时明明只想得到答案 A 或 B，可我会慢慢展开话题，告诉她还有 C 和 D，甚至更多的答案。即便这样，这也是专属于我俩的幸福时光。一起散步，一起喝到美味的咖啡……这就是只有两个人散步的魅力之处吧。

创建让孩子和大人好好说话的场合

长达两日、历时 24 小时：我家的赏花会

虽然与丰臣秀吉的醍醐赏花会（曾在京都醍醐寺举办的 1000 多人参加的赏樱花活动）无法相提并论，但每年春天我家也会举办大型的赏花活动，这一传统已经持续了 25 年。

每年的 3 月末至 4 月初，我家都会举办为期两天的赏花会。每天的中午 12 点到晚上 12 点（现在改为下午 1 点到晚上 11 点），客人想什么时候来都可以，想什么时候走也随意。这是一个很轻松的家庭聚会。

即使在 2011 年日本"3·11 大地震"后的春天，这个赏花会也如期举行了。那一年的赏花会达到了高潮。我家三楼被挤得水泄不通，沙发、地板、走廊、楼梯，到处都是赴会的人。大家彼此问候、干杯、谈笑、品尝美食。大门一直敞开着，客人们的鞋子排起了长龙……

以朋友的朋友的身份赴会也是可以的！正因为如此，那两天参加赏花会的人中大概有 1/3 的陌生面孔。但这次赏花会实行的是"自带酒水"制度（bring your own bottle，BYOB）。客人自己想喝什么、想吃什么，需要自己带来。我家除了提供场地、打扫收拾，不会做其他特别的准备。

总之在这两天里，作为一家之主，我会努力地接待和陪伴客

人。但如果真的太累，我也会退场，去卧室里睡一会儿。3个女儿似乎意识到自己不可或缺的助手地位，所以都会很积极、主动地帮助大人。

自觉承担工作，和陌生的大人聊天

在赏花会上，女儿们主要负责迎接客人和一些后勤工作。

每当门铃响起，女儿们就会跑去开门，向远到的客人问好，把他们的外套、手包存放好，如果有礼品也收下放好。然后，她们会催促妈妈带客人进屋，带他们到舒适的地方。

客人们分散在家里的5~7处，女儿们要负责给客人们送饮料和食物。当然，更重要的是清洁和收拾工作。如果有人不小心把红酒洒在和室的榻榻米上，她们必须赶紧递上纸巾、湿巾或干毛巾。因为客人太多，门口堆满了鞋子，所以她们必须及时整理这些鞋子。

虽然我们发现不足之处时也会向女儿们发出指令，但在大部分时间里，不用我们说什么，她们都会积极、主动地干活。即使很辛苦，她们也从不抱怨，总是一副朝气蓬勃的样子。

我们期望女儿们在这为期两天的赏花会上学会自律和灵活应对，敢于和陌生的大人聊天。这将是她们最大的成长和收获。如果半天看不见某个女儿，那就说明她被某个客人"绊"住了。

有些大人会带着猎奇的心理在我们家四处走动，然后询问女儿："你爸爸平时在家什么样子？都会做些什么呢？"不过这还算少数情况，在大多数情况下，女儿们和这些陌生的大人谈论自己的梦想，诉说在做研究生和工作期间的苦闷或乐趣。

大女儿曾对我说："我觉得跟大人们聊天好像也不是很难，大概是在赏花会上已经习惯了吧。"

孩子与父母的沟通固然重要，但如果只和父母交流，那么孩子多方面的沟通能力是得不到提升的。为了让孩子不怯生、敢说话，父母一定要创造一个能让孩子和大人们聊天的场合。

让想象力飞速提升的亲子群聊

| 当你抬起头走路时，能看到什么

使用智能手机的人被形象地称为"低头族"。想来也令人担忧，如果人们一直低着头，除了能看到屏幕，还能看到的就只有地面、地板以及别人的脚了。这能让我们有什么新发现呢？

本书一直强调"发现"的重要性。想象力是人们凭借智慧创造新事物的起点。为了提升想象力，请放下你的手机，把头抬起来吧。走在街上时，一定要多观察周围，这样才会看到有趣的新事物。

2013 年 2 月的某一天，在从家里赶往车站的路上，大女儿拍了一张照片，传到我家的群聊"老爸、老妈和孩子"中，并

问："天哪，这是什么？"

那张照片（见图4-1）是她在玉川高岛屋S·C主楼一个角落里的小发现。

图4-1　玉川高岛屋S·C主楼

札幌的二女儿立刻说："是谁在搞恶作剧吧！"我回答道：

"难道是大猩猩干的？"大女儿说："高岛屋这样的大商场怎么会贴出这样奇怪的东西？"她觉得不可思议，所以我决定去调查一番。

到达现场后，我仔细观察了一下，好像是有人打碎了窗户玻璃，然后糊上了这些彩色的三合板，这看起来怎么这么漂亮呢……

原来，这是一幅精心设计的作品。因为窗户玻璃有 6 种不同颜色的图案，每种各 3 块排列组成。但是，这到底想表达什么呢？很遗憾，我半天都没有想明白。但我突然对它产生了强烈的兴趣：一定要查个水落石出。

想弄清楚，这不就是探索的开始吗？

从发现到一探究竟，坚持不懈地努力吧

于是顺着大概的方向，我来到商场 6 层特卖场的东侧，开始寻找线索。但我转来转去也没有找到那个地方，原来百货商场的构造这么复杂。这么说来，即使我向商场的工作人员询问，也很难问明白。

犹豫了 30 分钟，我还是去了 S·C 主楼一层正面的咨询中心。两位工作人员非常热情地接待了我。

"从去年开始，我们就注意到那个图案了，但一直没有确认是怎么回事。"

"我们现在查一下吧。"

　　说着，他们给相关部门打了电话，几分钟后就得到了解答：这是为了更新主楼外壁而进行的实验。

　　商场方面想要确认何种材料耐用、美观且实用之后，室内采光如何。如果每次测试一种材料，需要花费好几个月的时间。所以它们先占用一部分楼体，同时罗列好几种材料，检测效果。

　　原来如此！

　　我把这些信息整理了一下，发到群里，二女儿一连给我发了两个点赞的表情。

　　后来，我反思自己，其实我也经常从高岛屋经过，可是为什么没有注意到这些呢？居然好几个月，我一直都没有发现！

　　这就是每天都在喊"想象力来自发现""一探究竟"的我……

　　但是，我的这次行动至少向女儿们展示了为了一探究竟必须行动起来的执行力。

　　另外，若是好好利用群聊等在线社交方式，也可以让孩子意识到想象力需要行动的配合！

学会提问：最重要的事情到底是什么

┃ 提问：最重要的事情到底是什么

　　几年前，一家 IT 公司人力资源开发部门的负责人 K 先生准备对公司的人才培养制度做出一些改变。当时，由于业务扩大，他作为领导的工作任务不断增加，下属找他请教业务的次数也越来越多……这样下去一定会出问题。

以前为了提高谈话的效率，他总是给出明确的答案或尽可能详细的指示。但这招现在行不通了。

他决定换一种方法指导工作：不再给出明确的指示，而是更多地倾听。

有一天，公司的员工 U 先生找他询问工作问题。

现在说话方便吗？

我现在受某公司部门的部长委托，写一篇通知，可是要传达的信息实在太多，都不知道该怎么整理了！感觉现在一团糟……

我自己试着写了一下，但越写越乱……

当时，K 先生在忙着一件很紧急的事，真的没空理他。他瞥了眼内容，本想说："来问我，不如自己做更快！"但他忍住了。

思考了片刻，他问 U 先生："U 先生，这份通知最需要传达的信息是什么？"

"应该是 B！但往年也有很多人询问 A 和 C，感觉这些也很重要……"

"虽然重要，但它们是核心吗？"

"也对，那么我首先详细介绍 B，然后在附件里把剩下的东西简单写一下。"

这次商谈大约用时 5 分钟。和 K 先生谈完，U 先生的表情也从阴转晴。他重新撰写的通知言简意赅、逻辑清晰，非常好。

这就是用提问的方式传递信息，你想不想试一试呢？

写给不知不觉就说多的父母

如果你想同时向对方传递 10 个信息，这不叫热心指导，更不是教育，只是推卸责任的一种形式。这种行为就像把琳琅满目的商品全堆在一张广告单上一样，到最后，哪一个也不吸引人。

如果真的有想传达的事情，信息点仅限于一个即可。如果想传达两件事，那么该怎么办？

那就分成两次吧。

对于那种无论如何也做不到、总是不知不觉说多的人，这里推荐一个秘籍。在研究生院任教时，我教过一个学生，他是一位工作经验丰富且很有创意的广告公司总监。有一天，他在研讨会上发表了这样的讲话。

我是那种一说话就会说多的人。因为讲着讲着就会冒出别的点子，很容易就绕到别的议题上。有时说着说着也会有点困惑：我现在到底想表达什么呢？所以下属听我说话时，经常会感到云里雾里。

但最近我学会了一项新技能，那就是在说完想表达的内容之后，我会询问对方，刚才我的讲话里最重要的信息是什么。

这样，他们不仅会认真地听，还会认真地思考。最重要的是，他们会把听来的方法付诸实践。现在，我讲话的效果已大有改观！

在家里，我跟 5 岁的儿子试着用这种方式沟通，我一股脑儿地说了一大堆，当然是说教。但最后我问了同样的问题："你觉得刚才在爸爸的话中最重要的东西是什么？"

没想到，孩子被这么一问，突然就开始认真地思考。过了一会儿，他说出了自己的意见："我觉得爸爸刚才说的是……"

之前，他听我说完，只会说一句"噢，我明白了"。但现在不同了，因为给出的答案包含自己的思考和决定。之前他不愿意做很多事情，怎么劝都没用。但通过这种方式沟通，他突然变得干劲十足，做事情也更认真、更努力了。

这种让对方决定什么是最重要的方法真是一个好方法啊！

为了让这一方法能够顺利实行，有一颗尊重且包容对方的心是极其重要的。如果你真的希望孩子或员工能够成为独当一面的人，那么请试一下这个方法吧！

第 5 章

如何让孩子
独立决定玩游戏和
电子产品的时间

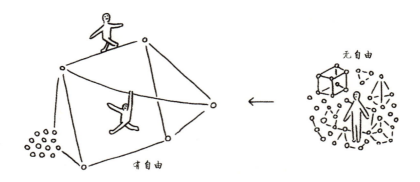

无自由

有自由

如何处理孩子玩游戏、玩具、手机（智能手机、平板电脑等都包括在内）的问题？

对孩子来说，这些都是很想得到的东西吧？不管父母（还有爷爷奶奶等）怎么发愁，还是有人会将这些作为奖赏送给孩子。

孩子想要什么就给什么，这不是一件好事。

其实，如果控制得当，这是一次锻炼孩子想象力和决策力的好机会！

锻炼孩子想象力和决策力的好机会

克制自己的欲望，也是一种锻炼

有人说，不加限制地给孩子想要的东西，就是过度保护。

孩子想要玩游戏、卡片、玩偶等玩具，更想使用智能手机。这些东西可以给人带来愉悦感，人们很难做到完全无视它们的魅力。

但玩手机上瘾肯定会对孩子的学习成绩产生不良影响。

根据 2014 年日本东北大学对仙台市中学生的调查数据，即使中学生每天学习 2 小时以上，如果在会话应用程序（LINE 等）中也聊天 2 小时以上，其成绩比"聊天不满 1 小时"的孩子大约低了 10 分。

成人可能会因玩手机上瘾而无法自拔，但我们可以自己承担其带来的后果。对孩子来说，他们必须在父母的帮助下避免玩手机上瘾的情况。

不过，本书的重点不在提高孩子的学习成绩，而在提高孩子的 3 种能力。父母应该在孩子很想做的事情或很想要的东西上寻找训练他们的想象力和决策力的机会。并且，父母对游戏、玩具、手机的管控对提高孩子的生存能力是很有帮助的。

所以，作为父母，我们不能任由孩子玩，也不能随意地送给孩子玩具、手机之类的东西。

解放孩子的空闲时间

人类和其他动物的区别之一就是人类会玩游戏。

有些动物一出生就会玩耍，也有些动物在成年之后才会玩耍，比如海豚、乌鸦、熊猫[①] 等。但是，人类是最特别的。

如果把人类维持生命活动以外的行为都看作游戏，那么人类一生中的大部分时间都是在玩游戏！

作为游戏研究的先驱，荷兰历史学家约翰·赫伊津哈（Johan Huizinga）曾说："游戏是为了享乐而存在的。游戏是人类的本质。"他有一本书，名字即为《游戏的人》（*Homo Ludens*）。

现代人类，即智人，指的是能够思考的人、有智慧的人。但约翰·赫伊津哈认为，除了思考，游戏也是人类区别于其他动物的主要原因。学习和体育运动都是游戏。

游戏是自由、自发的行为，不是被谁强迫的，也不是为了某一目的而进行的。因此，游戏的第一个条件是人类有剩余时间（自由时间）。

[①] 在自然界中，大熊猫的主要活动基本上是吃饭和睡觉，睡眠时间每天为 10 ~ 16 小时。也就是说，它们起床之后几乎都在吃，没有多余的时间玩耍。

游戏是为了有趣而存在的。虽然"有趣"的定义因人而异，但为了达到有趣这一目的，游戏要遵循一定的规则（制约）。

人类能够最大程度地发挥热情和创造性的领域，应该就是在游戏之中。工作也好，学习也罢，道理都是一样的。反过来说，儿童时代的游戏训练会对孩子的未来成长产生重大影响。

怎么让孩子好好玩游戏呢？条件就是有闲暇（自由时间）和限制（给很少的零花钱等）。

｜ 孩子在补习时，也忙着看手机

倍乐生教育综合研究所 2017 年的调查结果显示，小学生的大部分时间都花在体育、艺术类的补习班上。有 34% 的小学生会定期参加游泳课，21% 的小学生会参加音乐课，12% 的小学生会参加书法课，8% 的小学生会参加珠算课。当然，这些是以前就人气爆棚的课程。最近激增的是英语补习班的参加人数，竟然有 15% 的小学生会定期去英语会话教室。

一开始，孩子的学习多半与父母（母亲的推荐占大多数）有关，主动愿意上课的孩子不到 37%（根据 2015 年的调查数据得出）。运动、音乐、语言全面发展——孩子真的都很忙。

如果只有孩子在家，他们几乎都会在电视剧、游戏、漫画中打发宝贵的自由时间。以兴趣（画画、手工、钢琴等）为目的继续奋斗的孩子太少了，尤其是男孩，几乎为零。

　　孩子升入中学后，手机又来抢时间了。不管警察如何强调孩子卷入犯罪的第一原因是手机，父母也会因为担心孩子的安全而不敢不让孩子带手机。

　　当然，成人自己也会深陷手机之中，把空闲时间都奉献给了手机。网络、邮件、游戏、动画、漫画是我们休闲的主要领域。

　　对现在的孩子来说，真正的自由时间实在太少了。

　　白天的时间完全不能自己做主，基本都由父母（和学校）安排，所以在空闲时间，孩子会拼命地看电视、玩游戏、玩手机。甚至到了晚上该睡觉的时间，有些孩子还躲在被子里登录 LINE，似乎可以凭此缓解一天的疲惫。

　　父母不要轻易让孩子上补习班，在学习方面只设定一个限制：限制孩子使用手机和看电视的时间，并为此制定明确的规则。

　　仅凭这一点，孩子就可以拥有很多的自由时间。那么，怎样让孩子使用这些空闲时间呢？

周末怎么过，让孩子自己决定

周末怎么过，自己决定：这是孩子迈向独立的第一步

　　在我们家，不存在爸爸只有周末才在家的情况。平时我在家

的时间很多，家人之间的沟通也很及时。所以为了增强亲子关系，我们全家偶尔一起去旅行一次①，这就够了。

在我们家经常会看到女儿们在周末来临之前匆匆忙忙地制订计划。她们会给朋友、亲戚打电话，确认日程安排，因为她们觉得如果安排不好，周末就白白浪费了。

大女儿在5岁时，就可以打电话约朋友："周末可以去你家玩吗？"她俨然是一个社交小达人。3个女儿的性格也各不相同，不过都会以自己的方式拓展周末时光。

大女儿和三女儿擅长的是鲫式作战法②。有时候，朋友一家在亲子游时，她们会跟着一起去。有一次，有一家父母决定全家去迪士尼乐园玩，那家孩子在与我的女儿们闲聊时说道："有朋友一起去就好了。"对于这种随口一说的话，大女儿和三女儿非常擅长抓住机会。

其实那家孩子说不定已经先向关系更好的朋友发出邀约了，大概那些朋友很忙，比如忙着上补习班或补习其他技能。但三谷家的孩子都很闲，周末肯定有空。

父母也觉得孩子有伴一起去一定很省心，所以鼓励孩子找个伴儿，毕竟孩子们之间才有说不完的话。

---

① 有一次，我们全家用了一周的时间去法国旅行。当时上高一的大女儿正在经历考试复习周，本来就在放假。但上初二的二女儿为此错过了期中考试，小学五年级的三女儿则干脆缺了一周的课。

② 鲫（yìn），食肉性海鱼，常用吸盘将自己吸附在船底或其他大鱼身上，以此远游和索食。作者在此处把两个女儿与人交往时黏人的状态称为鲫式作战法。——译者注

在某个星期六，她们姐妹三人是这么度过的：

三女儿：跟朋友一家人去迪士尼乐园。

大女儿：去外祖父祖母家，乘坐公交车大概需要30分钟。

二女儿：姐妹都不在，所以她就能独占妈妈了。周末在家里悠闲自在地度过。

待在家里的二女儿，给自己制作了一个周末计划表。虽然计划表的名字叫作"本日是偷懒日"，还被像模像样地贴在冰箱上，但她大概觉得无事可干，自己超级无聊，才硬是强迫自己做一张计划表吧。

其实，她从小就有这种消磨时间的习惯。二女儿自己也说过："小时候，我每天都在拼命地想办法把时间消磨掉。"

"补习班每周只上一次，指望爸妈也不靠谱。所以怎么度过闲暇时光，只有自己能决定。"

闲暇的周末、放学时光，这些时间都是独立人格培养的起点。但是，能够给孩子的闲暇时间创造条件的人，只有父母！

如何交到真诚的朋友？平等、信任、缩小圈子

兄弟姐妹之间有一种天然的羁绊，自然非常了解彼此。即使玩游戏也会很认真地对待，没有什么奇怪的顾虑。但如何让孩子

交到像兄弟姐妹这样的朋友呢？

平等

朋友和兄弟姐妹一样，融洽相处的前提是树立平等意识。平等意味着彼此不可以过分依赖。所以，父母应该着重培养孩子的独立性，让他们拥有独立的生存能力。之前我们探讨过，学会赞扬孩子，就是培养孩子独立人格的第一步。

互相信任

想让任何游戏进行下去，互相信任是前提。如果靠某种强制力解决信任问题，这是行不通的。何谓信任？信任的前提是言行一致，是不背叛，是可以在关键时刻提供一臂之力的。如何让孩子做到这一点？父母首先就要做到一直无条件地信任孩子。

圈子小一点也无妨

孩子喜欢的东西比较小众，其实有两点好处：第一，能够获取与周围人不同的经验，明晓每个人都有不同之处；第二，拥有相同爱好的人会相处得更融洽。即使孩子在学校找不到志同道合的朋友，在校外也可能会交到这样的朋友。作为父母，即使孩子的爱好有些小众，也不能强制他们扩大交际圈，反过来应该支持他们发展这些兴趣。

把控孩子看电视和玩游戏时间的通用规则

｜如何把控孩子看电视和玩游戏的时间

如果孩子的空闲时间足够充裕，最好让他和朋友在外面玩。但不可避免，孩子总有在家度过空闲时光的时候。而那时等待孩子的，就是电视机和游戏。如果父母不注意把控，那么孩子宝贵的空闲时光就会荒废了。

对于如何限制这些问题，我家曾给中小学生时代的女儿们制定了一些规则。这些规则在许多家庭可以通用。

规则 1：坚决不买掌上游戏机。

规则 2：将电视、游戏机或电脑放在家庭公共区域（客厅、餐厅等），每个孩子每天的总使用时长不得超过 0.5 小时，一周合计时间不得超过 3.5 小时（210 分钟）。

规则 3：使用这些电子产品的时间应当在晚上 9 点前，家里一到 9 点就会断网，可以提前把没看完的视频用电视机录下来或用网络下载下来。

规则 4：早上起床后，上学前的准备提早做完，在早饭前看电视的时间则不计入总时长。

规则 5：游戏机和所有游戏软件都是爸爸（我）的东西，使用前必须得到许可。

为了不违反看电视的规则，孩子锻炼出了学会选择的能力

三女儿很爱看综艺节目和电视剧，所以她最先受到规则的困扰。她最喜欢的岚组合[①]每周有两个固定的综艺节目，这不能不看。但很快他们又主演了两部电视剧，这也不能不看……这可怎么办呢？

在小学三年级时，三女儿练出了这样的"必杀技"：每到节目改编期，她就会提前看报纸，获取新剧的信息，然后把想看的剧集限定为 5 部左右，到时候先用电视机录下第一集。

然后，在遇到广告、开头和结尾时，她会以 1.3 倍的速度播放。这样操作下来，1 小时的节目，她只用 30 多分钟就看完了。有了这个方法，她把 5 部剧的时长压缩成了相当于 2 部剧的时长。

如果还有其他想看的电视剧，她会起得格外早，一大早就到电视机前。当然，由于没有违反规则，我们也不会批评她。

只是有一点，父母很少能做到在家 24 小时监督孩子。把控好每天 30 分钟，这似乎很难做到！

尽管如此，规则已被确立下来，如果孩子打破规则，就必须接受明确的惩罚。比如，一周之内不可以再看电视、打游戏等。父母要让孩子明白，我们可以不监视他们，但如果违反规则，一

[①] 岚（ARASHI）是日本人气国民音乐组合，成立于 1999 年，曾举办过多场演唱会并参演过多部电视剧，一度成为日本当红组合。——译者注

定会受到惩罚。

这是练习"停止交换""取舍选择"的最佳时机。孩子们为了不输，会拼命地努力。

真实案例 10　大家都在做，我不一定也要这么做
>>>>>>>>>>>>>>>>>>>>>>

——来自大女儿（上小学时）

如果想看动画片……

在小学三年级时，我们家有一个规定让我非常不满，那就是看动画片的时间被控制得死死的。

下午五点半，我们会吃晚饭，到了 7 点，爸爸就回家了。

只要爸爸一回家，电视就被调到体育频道或新闻频道。总之都是爸爸喜欢看的，大家想看动画片都看不成。

《美少女战士》《神奇宝贝》《数码宝贝》《小魔女 DoReMi》《樱桃小丸子》《哆啦 A 梦》……这些都是傍晚才会播出的动画片，我们在家从来没有好好看过。

当时，我们家安装了有线电视。有一天，我在众多频道中发现了一个专门播放动画片的频道，这让我眼前一亮，心情大好。

这样，爸爸不在家时，我也可以看动画片了！

因此，我们姐妹是看《飞天小女警》《阿甘妙世界》《得克斯特的实验室》等外国动画片长大的。

我很喜欢这些外国动画片，但学校的同学那时都在看《哈姆太郎》等日产动画片，我有点插不上话。在中午吃饭的大部分时间，都是他们说，我默默地听。

虽然也给我买了一本《哈姆太郎》……

记得那时我没忍住，向爸爸抱怨了一句："就是因为不能和大家看同一部动画片，我才插不上话的！"

于是爸爸说："那我们现在去买一本《哈姆太郎》吧。"

我一边想着这好像不是我想要的结果，一边让父亲给我买了《哈姆太郎》绘本。

如果说看了书就能和同学们愉快地聊天，那也不是那么回事。虽然我知道了故事情节、各人物的登场时间等，但还是觉得自己插不上话。根源在于，我实在太害羞了。

那时，爸爸让我明白了我插不上话，并非因为不知道同学们在聊什么，而是我自己就不善言辞。

所以从这件事上可以悟出一个道理：大家都在做，我也要这么做，在三谷家是行不通的。

父亲的评论

我一直记得，女儿们哼出的第一部动画片主题曲出自《科学小飞侠》。当两个孩子在哼唱时，我也会不由自主地跟着她们唱。当时，5岁的大女儿就会很诧异："咦？爸爸怎么也会唱呢？"

虽然这是 20 多年前的动画片，但这不是主要原因。我每次下班早回家都能听到一点动画片的余音，所以这么听着听着，不知不觉中我也就学会了动画片的主题曲。

但我要强调的是，如果觉得大家都在做，你也要这么做，那么你的人生该有多么无聊啊！

制定手机使用的规则

| 限制手机使用的 5 个规则

对于孩子如何使用手机，一些人认为限制是很有必要的，另一些人则认为应该让孩子自由地使用手机。前者认为，孩子极可能会通过手机接收大量有害的信息，这些信息会影响他们的身心健康与行为表现；后者则认为，正因为如此，孩子才必须亲身经历和学习，从而自己做出判断。

其实这两派的观点都有可取之处，前者可以让孩子体会何谓控制，后者可以让孩子明白何谓自由。

我家的孩子在中小学阶段，都就读于离家不远的公立学校，大人们都觉得没有必要给孩子配手机。听说最近一些学校和补习班为住得比较远的学生家长开设了一项服务，那就是在孩子放学后，家长就会收到孩子已经离开学校的短信。我个人认为这种服务不是很有必要。

手机使用规则 1：在孩子的小学和初中阶段，坚决不给他们买手机。

手机使用规则 2：成为高中生后，孩子可以申请带手机。

手机使用规则 3：如果没有做家务或没有整理好房间，孩子就无权申请手机或使用手机。

手机使用规则 4：下载某个应用程序前必须得到许可，签约者的姓名必须是监护人，应用商店的使用也遵循同样的制度[①]。

手机使用规则 5：手机统一在一楼的厨房充电，三楼的卧室禁止充电。

其实，这些规则都是在不断变化中形成的。特别是在智能手机出现后，限制孩子使用手机变得异常困难，所以我们最终添加了规则 5。这样一来，女儿们想要在深夜趴在被窝里尽情地玩手机是不可能的。

我不知道这些规则是好是坏，将来会产生怎样的影响。但有一点可以确定，这的确给女儿们使用手机带来了不便，毕竟这些规则和她们大多数同学家里都不一样。

当时只是觉得必须制定规则，就立即付诸实践了。但没过几年，大人和孩子还是因为使用手机的事情起了冲突。

---

① 如果签约者的名字不是监护人，发生什么情况需要提取信息时，就会花费很长的时间。

手机使用战之一：女儿的眼泪

最初因手机而产生的摩擦发生在我们与大女儿之间。那时正在上初中的二女儿虽然没有手机，但她很享受自己的生活节奏，似乎没有手机也无所谓。

二女儿并不是那种喜欢闲逛的人，对拥有手机的态度也很冷淡。她甚至还表示："我上高中可能也不需要手机。姐姐跟朋友打电话太吵了。"

可是有一天晚上，二女儿独自来到我的书房，说有事要商量。

她说想要一部手机。

为了得到手机，她拼命地陈述自己的理由。时间、场合、紧迫性，面面俱到。但我经过分析后得出结论，这些都是偶尔的状况。所以我告诉她，真遇到这些情况，和以前一样借妈妈的手机用就可以了。表达完我的想法后，我就让她回去了。

2 小时后，二女儿又一次来到我的书房，在房间的正中间垂头丧气地坐下。

这一回，她什么都没说就开始哭，大颗的眼泪砸到地板上。

哭了一会儿，二女儿低着头，终于说话了："爸爸，我不知道你是不是了解我最近和朋友的关系都不太好。

"大家都有手机，可以相互立刻回邮件。只有我一个人用电脑回复，每次都回复得很晚。

"这么一来，大家都说'你回复得这么晚，是不是讨厌我？'可我不是故意的啊……"

"这么下去，我迟早会没有朋友的！"

她说的确实有道理，我该怎么回答她呢？我知道她和朋友的关系最近相处得并不融洽。并且在这两三周，我经常看到她紧贴着电脑在不停地回复邮件……唉，真让人头疼啊！

手机使用战之二：爸爸的抉择

深吸一口气后，我对二女儿说：

"你也真是不容易啊！谢谢你愿意和爸爸说这些！但爸爸认为，与朋友相处的问题应该另当别论，原因不能归到手机身上。如果没有手机就不能继续相处，这根本就算不上朋友啊！不过爸爸这边也会认真考虑你的请求，今天先回屋睡觉吧。"

留下"手机申请书"，她就回自己的房间了。然后，我立刻叫来了当时已是高中生的大女儿商量，然后又委托她帮我做一些调查。

"只听她的一面之词，也不知道真相到底是什么。请你问问你二妹的好朋友，还有他们的哥哥姐姐到底是怎么想的。"

大女儿利用自己的人际关系，立刻开始到处打电话、发邮件等收集"情报"了。很快，她在第二天就给出了结论："我觉得没她说得那么严重，先不用给她买手机。"

于是我决定，暂时对这件事冷处理，但要持续观察二女儿的状态。果然几个星期后，二女儿的手机狂热症退了下去，她与那些朋友也慢慢疏离了。

很快，二女儿又恢复了以往的"冰山美人"状态。

书房地板上的那些泪痕残留了很长时间。现在只要一想到那些痕迹，我就会不由自主地感慨："有时为人父母真是不容易啊！"

真实案例 11　孩子主动把智能手机换成了没有群聊功能的老式翻盖机

>>>>>>>>>>>>>>>>>>>>>>

——来自三女儿（上高三时）

智能手机的 LINE 和手游真令人困扰

高三那年，我把智能手机换成了日式板砖机①，因为想在高三这一年集中精力学习，准备升学考试。

高一那年 4 月，我拥有了人生中的第一部手机。但这并不意味着我之前从未摸过手机，从小学开始，我经常借妈妈和姐姐的手机，用爸爸淘汰的 iPod touch 听音乐。在挑选手机时，我毫不犹豫地选择了 iPhone 5，因为这是当时最流行的机型。

但在高二快结束时，我意识到不能再这样下去了。

因为智能手机上的 LINE 和手游实在太令人困扰了！大姐在刚上大学时创建了一个 LINE 群，把三谷家的 5 个家庭成员都包

---

① 日本板砖机（ガラケー），是ガラパゴス手机的简称。它是在手机、IT 等技术的发展之外，独自进行开发的日本产手机。因为拥有很多特色功能，所以也被称为多功能特色手机，与现在的智能手机差异较大。——译者注

含在内。除此以外，还有一个没有爸爸的吵闹 4 人组 LINE 群，还有一个连妈妈也没有的姐妹天团 LINE 群。

群聊当然不止这些，LINE 里还有各种小群组。在学校时，我基本不看手机，所以未读信息很快就会积累起来。托我这些话痨姐姐的福，单是三谷家全体成员这个群，在一个上午就能积累 100 条未读信息！

我真是受不了啦！

而且 LINE 带来的困扰不仅体现在群聊上，还体现在与朋友的私聊中。聊天实在太费时了。楼上发一个表情包，楼下再追一个……这么聊下去，简直没完没了！

家里的电脑放在客厅，用电脑聊个没完会不好意思，但手机就不一样了。不管是在客厅学习，还是在房间休息，我总会习惯性地拿起手机看两眼。

当规则已经无法限制我时，只能斩草除根了

当时，我们已经到了在睡觉时也不想放下手机的程度，为此爸爸制定了一条手机使用规则：手机统一在一楼的厨房或客厅充电，三楼的卧室禁止充电。这一规则使我们的手机上瘾症稍稍好了一些。但好景不长，一到周末，只要在家，我们甚至可以从早到晚玩手机。

所以我痛下决心，斩草除根，把 iPhone 5 换成了简单的老式翻盖机！

换了几天后，我用家里的电脑给所有 LINE 群发了邮件："我要告别了，各位！"就这样退出了所有群聊。与朋友的联络，我也改成了一天几封邮件的方式。

但没过多久，我就发现了一件事：如果之后顺利进入大学，老式翻盖机至少还要再陪我度过大学第一年……算了，先这样再说吧。

父亲的评论

当三女儿想把苹果手机换成老式翻盖机时，我很惊讶。之前她那么依赖智能手机，为什么突然要换？这样虽然没有问题，但我还是让她做了调查：如果换成了老式翻盖机，家里的通信会有变化吗？家庭话费优惠活动会有变化吗？会不会影响购买苹果手机时家里与她的签约规定。

一年以后，三女儿顺利地考上了大学，最终获得两部手机的使用权：一部是她签了两年使用合约的老式翻盖机；另一部是她曾拥有的 iPhone 5，不过后者装上了 WiMAX2+[①]。

---

① WiMAX2+ 是一项高速无线数据网络标准，具有上网速度快等特性。作者此处意指在三女儿进入大学、独立生活后，家庭不再限制她的手机使用，甚至补偿了她在高中时期对手机的限制性使用。——译者注

选择乐高、B-block 等通用型的玩具，孩子更聪明

我是玩形状简单的 B-block 长大的

虽然我给女儿们买了乐高积木，但我小时候从来没有玩过这些东西。我对积木的印象，来自钻石积木块①和 B-block。

应该是上小学之前，在一个圣诞节的早晨，我刚睁开眼就发现枕边放着一个硕大的衣物收纳筐。里面装的不是衣服，而是堆积如山的 B-block！

B-block 是以幼儿园等幼教行业为市场的 JAKUETS 公司（来自日本福井县敦贺市）推出的产品，因每块积木的横截面都是字母"B"而得名。

可以说，B-block 是最经典的积木玩具了。积木基本上分为两种，如果想把单个的积木块连接起来，只能使用与之配套的棒状物。但是，只有一个字母 B 造型的简单积木块，却能带来无限的可能（圣诞节那天我收到了 200 块 B-block）。

那天之后，我简直和 B-block 朝夕相处！宇宙飞船、潜水艇、雷鸟 1 号，剑之盾……基本上能想到的造型，我都能做出来。

---

① 钻石积木块是一种微型积木玩具，其个体积木多为正方体、长方体的小颗粒。——译者注

　　B-block 的个头比较大，孩子也不会误吞下去，它算是让父母比较放心的玩具。[①]

　　在没有电子游戏的年代，积木可以说是我童年时最宝贵的玩具。但不知为何，从我长大后到大女儿长到 5 岁这 20 多年里，我似乎完全忘了这种玩具。倒也不能说完全忘了，有时在某家玩具店看到一盒钻石积木或乐高积木时，我会在店里自言自语："这个还是和之前的不一样。"

---

① B-block 现在已经被停止向幼儿园发售了，不过个人还是可以登录官网购买，价格大概是 117 块售价 8000 日元（官网会员价）。

乐高积木通过系列化使公司的业绩翻了 7 倍

如今占世界积木玩具市场份额近九成的乐高公司，在这 40 年间经历了巨大的成功、失败与重生。

从创立到 1978 年，乐高公司用了 46 年使其营业额达到 10 亿丹麦克朗。在此后的 10 年时间里，乐高公司又把这一业绩增长了 4 倍。

引进带有手、脚和面部的迷你人物模型。

开发一系列的固定主题（"城堡"系列、"宇宙"系列、"街头"系列等）。

这也是情理之中的事情。为了增强用户的真实感，每个主题下的产品都有很多特殊零件（这些零件只可用于该主题产品，不能用于其他产品）。不仅人物或小部件，一些配套的、可以活动的零部件也被陆续开发出来。

虽然创造力会在企业的发展中不断受到挑战，但乐高在发展中的华丽转身，使其走向了用户高度身临其境的游戏之路。1993年，乐高的营业额达到 70 亿丹麦克朗。

虽然乐高在商业上取得了巨大的成功，但在我看来，这些耗费高价材料做出的塑料模型，简直是玩具中的失败品。即使这些积木的可扩展性很多，但基本上都是制作完毕的产品，没用的零件过多，也没有更多供孩子发挥创造力的空间。

乐高公司的发展停滞与创新挑战的失败

是谁动摇了乐高公司积木玩具霸主的地位？那就是以任天堂为代表的电子游戏。孩子的兴趣、时间以及金钱全都从积木流向家庭电子游戏（1983 年开始）、游戏男孩（1989 年开始）、超级家庭电子游戏（1990 年开始）等电子游戏。乐高公司的销售额持续低迷，从 20 世纪 90 年代下半叶，其经营团队开始着手大规模的创新运动，以此吸引已经不喜欢玩积木的大多数孩子。在新社长的领导下，他们几乎尝试了所有可能性，但以失败告终。

2003 年，乐高公司面临破产危机，公司的现金流已经无法维持正常运转。由于之前已经稳步扩张了 10 年之久，没有人能说清楚每个项目的收支和现金流为何到了举步维艰的地步。

为了改变现状，乐高公司创始人的孙子担任了首席执行官，同时指定当时已进入公司 2 年的年轻员工克努德斯托普为接班人。

他决定再次把喜欢积木的孩子作为公司发展的目标顾客。

从自由到限制：乐高公司的再生之路

在此之前，为了提高公司的创新能力，很多限制性的规定都被废除了。而克努德斯托普指出，必须给创新提出明确的、强有力的限制。

目标顾客不是所有孩子，而是核心区域的孩子（主要是德国或北欧 5 ~ 9 岁喜欢积木的男孩）。

主打商品不是定义为"万能玩具"，而是组装玩具：重视"组装"玩具的价值。

决策单元不是用户而是零售店，重视零售店的收益，多听取他们的意见。

产品利润率以 13.5% 为最低目标，不能带来利益的创新应当停止。

在严格限制零件数量①和颜色数量的前提下开发新商品。

保证产品高品质，不能为了降低成本而降低质量。

克努德斯托普认为，即使给出这些限制，乐高公司依然可以发掘利基市场。

正如他所想的那样，这些限制反而给优质创意和新商品的开发提供了广阔的空间。在限制的大前提下，其他一些细节工作都是可以有所发挥的。

比起随心所欲，人类在受限的情况下似乎更具创造力。

如此一来，作为乐高公司核心商品的积木的收益开始急速回升。

_____

① 乐高的零件数从 1980 年的 2500 种左右增加到 2004 年的 14 200 种。大部分零件只用于某一个特殊的产品，不能大范围地使用。为了制造相应的模具，每个零件要花费 5 万 ~ 8 万美元。

喜欢积木的孩子更聪明，朋友也多

了解乐高涅槃重生的传奇后，我有点惊讶，原来不只我一个人讨厌那些没用的特殊零件。

目标顾客是那些喜欢动手组装的孩子。他们喜欢使用积木拼装出任意想要的东西，讨厌太简单的东西、不能组装的东西、不能发挥创造力的东西。

这样的孩子其实并不少，他们并不是人群中的孤独少年。

喜欢玩乐高的孩子，也擅长玩电子游戏或体育，被很多朋友称赞头脑聪明。

克努德斯托普是如何知道这些的呢？这归结于核心用户与零售店的面对面沟通。他曾做过一个名为"核心吸引力"的调查，获取了大量数据为自己的计划做支撑，这才促使他的高级利基市场策略获得了成功。

第 6 章

教孩子处理零花钱

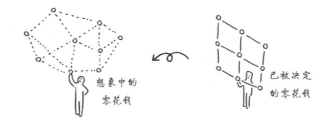

想象中的
零花钱

已被决定
的零花钱

在日本，父母都会给孩子规定零花钱的限额。但真正实行起来，没有几个家长会严格按照规定做。孩子真的觉得不够花，父母多少都会给他补充一些，并且不管孩子把零花钱用到何处，父母都是默许的。

所以，本来因为什么而制定零花钱限额，到最后反而没人记得了。给孩子零花钱的意义，应该是为了锻炼孩子的决策力。正因为有限制的存在，孩子要考虑买什么、不买什么，然后自己执行。正因为都是在自己的自由意志下购买东西，如果买了日后觉得很奇怪的商品，那么孩子一定会自己反省！为了省钱，孩子也会自己想出一些妙招。锻炼孩子的决策力和想象力，这才是给孩子零花钱的意义。

零花钱的使用规则

| 零花钱的使用规则是为了锻炼孩子的决策力和创意力

合理使用零花钱是锻炼孩子决策力的理想方法。

> 选择：所有想要的东西，最后只能选一个。
> 反省：买亏了或买错了，心里一定会有点难受。
> 反复：允许犯错，不断尝试。

因为是做选择的练习，所以不能给孩子太多的零花钱；为了让孩子能够自己反省，父母不能指手画脚，必须让孩子自己做决定。为了让反复更有意义，最好扩大零花钱可购买商品的范围。

在日本，有五成以上的高年级小学生父母在实行每月定额制的零花钱制度，初中生和高中生的父母则有七成以上在使用这种零花钱制度。

不能在孩子一张口要零花钱时就给。时不时给孩子塞点零花钱，这样也不好。父母应该尽量实行定时定额制，请注意，刚开始给的额度不要太高。

正因为预算有限，买什么、不买什么，孩子要自己判断，这会锻炼他们的忍耐力、创意力和想象力；如果想要省钱，和商铺的老板讲价会锻炼孩子的生存力。

预算有限与家庭的贫富状况并无直接关系，更不是让你苛待孩子。只是表明在给孩子零花钱这件事上，父母千万不要有求必应。

| 范围明确，用途自由

那么这些限额的零花钱，孩子最后用到什么地方去了呢？如果并不能明确判断什么才是真正该买的东西，那么零花钱限额制度也就毫无意义。

并且，父母应该给孩子买什么，孩子应该用自己的零花钱买什么，这也要区分清楚。

最初可购买的商品范围小一些也没有关系，因为可以逐步扩大。从玩具到文具，接下来可以是衣服、鞋子、餐饮费、通信费。在可购买的商品范围扩大的同时，父母给孩子的零花钱额度也可以有所提高。孩子会逐渐意识到什么才是最紧要的事情，而且需要判断的事情越来越多，他们的决策力也会越来越高。

这里有一点要注意，虽然购买范围是明确的，但如何使用零花钱，那是孩子的自由。

钱是父母挣的，但一旦给了孩子，那就属于孩子的财产。孩子具体要怎么用，父母千万不要指手画脚，否则会阻碍他们锻炼决策力；一旦把钱花错了地方，他们也不会有多少反省意识，会认为"都是爸妈的错"。

即使孩子买了一些很奇怪的东西，父母要先忍着，别说话。即使买来的东西没多久就发现没什么用，被扔在地板上，那最懊悔的也不应该是父母，而应该是买东西的当事人。

零花钱要尽可能少，但可以日后协商调整

零花钱给多少，看中位数而非平均值

在日本，父母为孩子制定零花钱制度是很常见的事情。但这里要注意，合适的金额不是取日本所有孩子零花钱的平均值，而是给孩子零花钱的中位数①。

这里给大家一些参考数值：

一年级和二年级小学生：零花钱的中位数约为 400 日元（平均值约为 950 日元）。

三年级和四年级小学生：零花钱的中位数约为 500 日元（平均值约为 900 日元）。

五年级和六年级小学生：零花钱的中位数约 1 000 日元（平

---

① 即把孩子可得到的每笔钱从高到低排列起来，取正中间的金额，作为合适的零花钱金额。

均值约为 1100 日元）。

初中生：零花钱的中位数约 2000 日元（平均值约为 2500 日元）。

高中生：零花钱的中位数约 5000 日元（平均值约为 5300 日元）。

不同年龄阶段的孩子的零花钱，父母可参考这一基准，不过稍微减少一些也无大碍。我们家的 3 个孩子，小学五年级每月的零花钱是 500 日元，初二的是 1500 日元，高二的是 3500 日元。零花钱的金额在升入中学和高中时会产生很大的变化，但首先一定要从尽可能低的金额开始，因为最低的金额可以根据需要不断提高；若开始就很高，再想降低，可能性不大。

让孩子为提高零花钱限额来谈判吧！父母可以要求他们说清楚自己的需求及相应的零花钱金额，比如，一定要孩子提交"在某件事上花多少钱，接下来还要再花多少钱"的报告才行。一切从实际出发，到底需要多少，父母需要聆听孩子的报告，在与他们的商讨中敲定。

这是一次非常宝贵的锻炼孩子决策力的机会。

如果零花钱的金额大幅度提高，就对压岁钱的使用加以限制

孩子的压岁钱或其他临时性大额收入要怎么处理呢？要知道，压岁钱金额是孩子平时零花钱收入的一倍以上。正因为金额

巨大，父母就需要格外注意孩子如何花费这些钱款。BAN DAT NAMCO 公司和 SmileNET 公司于 2011 年对中小学生的压岁钱收入做了一次调查，调查结果的平均值显示如下：

一年级和二年级小学生：压岁钱约 1.5 万日元（等于 38 个月零花钱的中位数）。

三年级和四年级小学生：压岁钱约 2.5 万日元（等于 50 个月零花钱的中位数）。

五年级和六年级小学生：压岁钱约 2.6 万日元（等于 26 个月零花钱的中位数）。

初中生：压岁钱约 2.7 万日元（等于 13.5 个月零花钱的中位数）。

与前面提过的零花钱的每月中位数比起来，小学生的压岁钱金额达到中位数的 2 ~ 4 倍以上，而中学生也就一倍多一点。小学生得到的压岁钱太多了。

若是父母把这些钱没收，作为平时的零花钱，这对锻炼孩子的决策力会产生不良影响。所以父母应该另辟蹊径，帮助孩子加以限制地使用压岁钱。

但父母不能打破用途自由的原则。那么到底是从金额上限制，还是从使用计划上限制呢？比如，以下 3 种方式，你更认可哪一种呢？

　　　　压岁钱最多只能动用 5000 日元。

　　　　压岁钱只能用来购买一种东西，不限制额度（我家采用这种方法）。

　　　　想用压岁钱买东西，必须提前申请。

　　当然，用不完的部分可以作为孩子的成年基金 ① 储存起来，也许他们会很期待赶紧长到 20 岁。

明确零花钱的购买范围是一件很难的事情

　　想要确定孩子的零花钱究竟用来买什么，这真的很难。相信大多数家庭采用这样的模式：衣食住行和学习中的必需品由父母购买，除此之外的玩具以及与孩子爱好有关的东西，就让孩子用零花钱购买。

　　一只迷你圆珠笔售价约 864 日元，"口袋妖怪"牌的文具套装售价约 2700 日元，初中生结伴去一次迪士尼乐园的开销约 8500 日元……那么，哪些应该算是由父母购买的必需品，哪些应该算是由孩子购买的东西呢？

　　其实在哪里划定界线作为限制都可以，但那条线一定要明确。如果不明确，孩子很有可能会"蹬鼻子上脸"，变得爱撒娇、耍赖。这样的话，锻炼孩子的决策力和自控力就无从谈起。我家

---

① 这是日本银行为孩子设计的一种存折，孩子不到 20 岁不能取用。到了 20 岁，银行会把印章和存折都给到孩子本人。

的办法是，先将平时的必需品列个清单，然后逐一讨论不常用的东西到底是否应该归为必需品。比如，学校里的必需品可以是：

"国誉"牌素色笔记本。

无印良品的文具（钢笔和橡皮擦）。

学校指定的东西（在学校门口的文具店可以买到）。

文具倒还好说，麻烦的是衣服。什么才是必需的衣服呢？买到第几件之后就算是嗜好品呢？这在我家绝对是妈妈和 3 个女儿争论的焦点。后来她们达成协议，每个孩子每月的服装费为2000 日元。有了这一限定后，反而省去了许多麻烦。

零花钱具体用在什么地方，不用一一问清楚

再强调一遍：用途自由！作为父母，即使你认为孩子买了没用的东西，只要没有违反道德和法律，那就让他自由行使零花钱的支配权吧！如果父母还要在如何使用零花钱的细节上不断地干预孩子的决策，那怎么能锻炼孩子的决策力呢？

如果孩子买了刚买回来就不能用的东西，那就让他自己后悔、反省吧。"下次买之前一定要好好调查，考虑清楚再购买"，这些失败的经历恰好可以锻炼孩子的决策力。

大女儿在上大学之后，跟我坦白了她在初中时的一段经历。

> 上中学后，零花钱突然增多了。我就第一次来到附近的百元店，进去之后发现有好多东西可以买，一开心就花了好多零花钱。但回到家冷静下来，我才发现自己买了一大堆没用的东西！我真的好心疼我的那些零花钱。（大女儿）

现在听起来，她当时一定很难过吧。大女儿在初二时也说过类似的感受：不管多想买的东西，睡一觉起来后购买欲也就没那么强烈了。

经验也许是最好的老师。如果我们叮咛孩子"花每笔钱前，要和爸爸妈妈商量"，大女儿就不会学到如此宝贵的经验。

所以父母不要质问孩子零花钱的具体用途，这种财产自由的支配是孩子获得成功或失败的宝贵人生经验的关键。

不要输给妈妈团和孩子的爷爷奶奶

经济同友会上的担忧：富不过三代

几年前，我曾和某研究所的同人们举办过经济同友会，研讨的主题是决策力。我与数十位企业经营者一起做了生存演习。每次到最后（像往常一样），大家总会抨击时下流行的育儿论。

在研讨之后的闲谈中，总能听到大家这样说："最后的教育话题最扎心，所以说富不过三代啊！"

我问大家为什么会产生这样的想法。有一位企业家告诉我：

> 曾经我们穷得什么都没有，想方设法地想创业，然后一点一点地努力做出了今天的成绩。为了让孩子这一代不受苦，我们总是把最好的东西给他们。但是，等我们变成爷爷奶奶，就不愿意让孙子辈过奢侈的生活了！要是再这样奢侈无度下去，等到孙子成为社长时，我们恐怕已经不在人世，但企业绝对会倒闭！

身经百战的老企业家们一边点头，一边互相对视、叹气："是这样啊！"

我忍不住在想："你们都在赞同个什么劲儿啊！有这会儿工夫，就不能为子孙们做点切实可行的事情吗？到底是孩子不行还是大人不行？如果真的珍惜辛苦打拼下来的企业、希望代代相传，从明天起，就不妨不再溺爱，做一群吝啬的爷爷奶奶吧。"

被妈妈团攻击：你的孩子好可怜

如果零花钱太少，孩子就会被迫做出各种决定。

上初中以后，年收入有 1.8 万日元的三女儿会考虑："岚组合新出的专辑一定要买，但演唱会的 DVD 也太贵了，偶尔买个一两次就可以了。"

"虽然想成为歌迷俱乐部的会员，但一年要花费 4000 日元。反正现在一个人也没法去看演唱会，忍到高中再说吧！"

在初中阶段，二女儿更节约一些。有一次，她和几个朋友一起出去玩，回来的路上顺便去了一趟麦当劳。大家都各自买了想喝的饮料，她什么也没买。"没有特别想喝的饮料，就喝水吧。"

此时登场的是所谓的妈妈团，她们从自己的孩子那里听来这一情况，会从她们的角度给出建议或者发出感慨：

你的孩子好可怜！他不会被班里的同学议论吗？人言可畏，我可做不到让孩子这样受委屈！

即使孩子自己满不在乎，但当父母听到别的妈妈这么说，也会忍不住反思："我是不是对孩子做了什么过分的事情？这些妈妈都是一脸认真、一副为了孩子好的样子……"

看起来是好心，但这些妈妈明显把自己的想法强加给了别人。如何对抗这种压力呢？周围可以多聚集一些和自己志同道合的好友。

可能因为物以类聚，人以群分，我家周围没有这类把自己的想法强加在别人身上的父母，很少会听到"你家孩子好可怜"这样带有攻击性的话语。但是，更强大的敌人是孩子的爷爷奶奶们。

如何抵挡祖辈对孩子的溺爱？答案是成年基金

看到孩子这样拮据，第一个跳出来反对的就是爷爷奶奶："为什么要这样为难我的孙子孙女？不就是零花钱吗？我给！"

对现在的爷爷奶奶来说，只要能讨得孙子孙女的欢心，0.5万～1万日元是很少的开销了。2011年的某调查显示，在日本，每对爷爷奶奶会有3～6个孙子或孙女。孩子的压岁钱等奖励，每次都有0.6万～1万日元。至于带着孙子孙女出去吃饭或者旅行，让他们花多少钱，他们都会毫无怨言。

爷爷奶奶每年在每个孙子或孙女身上大约要支出8万日元。再加上外公外婆给的，每个孩子每年会得到约16万日元的额外奖励。即使仅限于压岁钱、生日、圣诞节的奖励金，其金额也高达5万日元。孩子们一年的零花钱，因祖辈的赠予而变得金额巨大。

要想从根源上阻止爷爷奶奶给孩子钱，是不可能的。作为孩子的父母，如果你直接不让给，说不定老人家会为此生气；如果你说为了教育孩子不让乱给钱，老人们可能会表面上答应，然后背地里偷偷塞钱给孩子，等等。说不好，还有许多父母会心安理得地容许孩子接受祖辈给的零花钱。

但是，我们当初为什么要实行零花钱制度呢？不就是为了限制孩子零花钱的金额、让孩子明确购买范围，然后锻炼他们的决策力吗？

所以，最好的解决方法是为孩子成立前面提到的成年基金。

不要让孩子随便向爷爷奶奶索要东西，除非是索要经验（比如进行一次祖孙旅行）。

如果一定要给，那么就把这些额外收入存入孩子的成年基金中。

等孩子成年之后，就可以得到成年基金的印章与存折。

如果按我们之前得出的平均数计算，那么 20 年后，孩子存折内的金额应该可以达到 100 万日元。这样，等孩子长大后，就会收到爷爷奶奶准备了将近 20 年的大礼！

若是爷爷奶奶说，不想等那么远，想现在就为孙子孙女做点什么，这可怎么办？那么你可以这样回应："比起给孩子东西或钱，不如给孩子留下回忆吧！"之前的调查数据已经显示了这一倾向：

压岁钱、生日、圣诞节支出≤在外吃饭、旅行支出

请一定要尝试这些方法。到底想娇惯孩子还是想锻炼孩子，全看父母的行动！

真实案例 12　孩子在甜品店前赖着不走，怎么办

>>>>>>>>>>>>>>>>>>>>>>>

——来自孩子的妈妈（当时 38 岁）

| 三女儿曾躺在甜品店门前耍赖，就是不走

那天，我带着当时还在上幼儿园的三女儿在地下商城里闲逛。正经过甜品店门口时，她突然直接躺在过道里，手脚拍地，嘴里不停地喊："我要吃冰激凌！"

因为平时很少给孩子买这些东西吃，所以她才会突然采取这种强硬的手段。但她的大姐、二姐可从来没有做过这样的事情，身为父母，我也是第一次面对这样的场面。

"哎呀，你看你就像个小孩子！真是个爱耍赖的家伙！"

我就在旁边看着三女儿，好像自己是一个与她毫无关系的旁观者。

幸运的是，那天没有人围观，没有人说"孩子那么想要，当妈的怎么这样狠心啊"之类的话。过了一会儿，三女儿慢慢地站了起来，默默地跟在我的后面。我们继续闲逛。

此后，她再也没有向我哭喊着买这买那，也没有拉着我的手去冰激凌店。她可能也意识到，最强硬的手段都行不通，还是死心吧。

我估计她这招是从别人那里学来的，看到别人成功了，自己也想尝试一下。但尝试的第一次就以失败而告终，所以之后再也

没见她跟我们耍赖过。

上了大学的三女儿可以在高效试错中一直死缠烂打

三女儿在刚上大学的那段时间，在京都独自生活，每次回家就向我提出各种要求：

> 啊，这个好可爱！
> 果然还是东京的东西更可爱！
> 给我买吧……买嘛……

三女儿连续不断、死缠烂打地向我发起攻势。很多时候，我都会有点诧异地看着她，但她依然一脸平静。

> 不买，我也没有损失。
> 万一给我买了，我不就赚了吗？

在爸爸那边行不通的事情，那就试着从我这边下手。因为我看似比她的爸爸更疼爱她、更宠她。

总之，先试试，不行再想别的办法！这应该也算高效试错吧……容我再继续观察一段时间再说。

父亲的评论

三女儿在上中学时就断言："求爸爸帮忙还不如直接死了这条心！"因为她觉得跟我交涉很麻烦，这种观点到现在也没有改变。但对两个姐姐还有妈妈来说，情况就完全不一样了，她简直就是撒娇高手。大家都输给了三女儿的甜蜜攻势，宠着她，连对她那么严厉的二姐都是如此。现在想想，这说不定也是年龄最小的三女儿的生存智慧。

正因为无聊、零花钱不宽裕，大女儿才在创意上下功夫

给三妹的生日礼物：来一场卫生间大改造

大女儿非常喜欢送别人礼物。但在我们家，孩子的零花钱被限制得比较严格，没有充裕的资金，所以她送给家人的生日礼物几乎都是她自己手工制作的折纸之类的东西。而这其中最有代表性的，莫过于她曾送给三女儿的 VIP 卫生间。

三女儿上小学五年级时，大女儿在上高二，空闲时间比较多。在三女儿生日那天，大女儿已经在家里待了好几天——她那几天身体不舒服，向学校请了病假。

大女儿突然想到还没有给自己的三妹准备生日礼物！怎么

办，要不然还是手工做点什么送给妹妹？

可是她后来在无所事事中睡着了，错过了最佳时间——三女儿马上要从学校回来了。

完了，完了……

大女儿想到如果制作现场被妹妹看到，就没有惊喜感。于是她就开始一个人躲在卫生间里①制作礼物。

但问题是，她手边的原材料只有房间里的纸胶带、双面胶、剪刀……这可怎么办呢？

大女儿首先把纸胶带卷成一个立体的星星，光看这个就有点像礼物了。但过了 30 分钟，她还是在星星上忙来忙去，没有其他进展。同时，她在拼命地思考妹妹喜欢什么。

大女儿坐在马桶上默默地思考了 5 分钟，突然灵光一现："三妹妹最喜欢独占某些东西！"那么就打造一间能让她独占的卫生间吧！

于是大女儿设立了目标：打造一个一日限定 VIP 专属卫生间送给三妹。然后，她就开始在卫生间装饰五颜六色的纸胶带。

因为花费的时间太长，想要若无其事地隐瞒所有人，她也是煞费苦心。一直待在卫生间里不出来会惹人怀疑，于是她偶尔也会出来，佯装要帮我们准备晚餐。但她又不想让人去二楼用卫生间，于是每次下来前都会锁上卫生间的门……就这样折腾来折腾去，终于赶在妹妹的生日聚会之前把礼物制作完成。

---

① 我家的房子有三层，一层和二层都有卫生间。

在最后一次锁门时，孩子的妈妈发现了这件事，忍不住喊了一声："谁把楼上卫生间的门锁上啦？"

于是，大女儿一脸得意地把家人都叫到二楼的卫生间门前，向大家展示了自己的成果。

"小葵，这是姐姐送你的专属生日礼物！一直到明天晚上，你都可以独占它！"

对孩子来说，现成的玩具（游戏等）很少，零花钱也不是很宽裕。但因为有时间，也有要好的朋友在，他们可以凭借自己的创意创造出有趣的游戏。这并不需要大人强制地规定什么，因为在人类的天性中就有游戏的欲望。

那天对大女儿来说，不正是预算有限、时间充裕的情况吗？

大女儿送给三女儿的生日礼物——VIP 卫生间

第 **7** 章

父母有责任培养
孩子独立自主的
能力

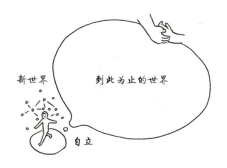

新世界　　　　到此为止的世界

自立

我们想要讨论的是如何应对孩子的叛逆期，让孩子真正地走上自立之路。

孩子最终要一个人工作和生活，期间遇到的各种困难大多数与父母自身的问题有关。

为了让孩子学会"真正的生存力"，父母应该让他们在叛逆期和独立生活中获取经验。

为此，在孩子成长的某个阶段放任不管，是父母必须做到的。

让孩子明白，人一定要走上自立之路

| 把孩子的叛逆期当作生物的"变态"期

希望独立生活，是生存力即将成熟的标志，但为此必须具备的两种能力是决策力与想象力。

但是，孩子在真正达到独立状态之前，在大多数情况下都要经历"变态"期。

变态是昆虫独特的生命活动阶段，是从幼虫变为成虫的必经之路。在很多时候，我们会用"破茧"一词形容这一过程。

蝴蝶从青虫变成蛹，直到成为翩跹起舞的蝴蝶；蜻蜓点水产卵，最后这些细小的蛹也会变成空中的"战斗机"。

成蛹对外部的刺激并不敏感，几乎毫无反应，成蛹的内部却在发生翻天覆地的变化。此时，昆虫要脱离原有的生活状态（生活在液体中等），变成在空中飞翔的生命。所以，成蛹的全部身体结构[①]要一次性地分崩离析，长出新的内脏器官和肌肉等。

人类其实也要经历类似的过程。孩子长大成人，是一次飞跃

---

① 这里的"全部"身体结构不包括神经和呼吸系统。这也是蛹如果受到震动，内部的幼虫很容易死亡的原因。

性的改变，父母应给予他们"内部"飞跃的时间。在这一阶段，孩子看似与外界隔断来往，摆出一副冷漠的模样，但真实原因是孩子对现实有些力不从心。

父母无须为此焦虑，静静地守护孩子即可。

所谓叛逆期，正是孩子破茧成蝶、走向成人的过程。

让孩子从小明白，他长大后会离开家独立生活

怎样才能激发孩子独立自主的热情呢？

让孩子一个人生活是最好的办法。孩子在成为社会人之前，父母仍需对其给予资助，但孩子在一个人生活时，即使有抵触情绪，也不得不学会自己行动。

生活在村镇的孩子在本地升学的选择比较少，基本上遵循"升学→离开老家→独自租房生活(或者与人共同租房)"的原则。在我的家乡福井县，顺利升入本地学校的学生人数不超过当年升学人数的29%。① 大多数人会去京都、石川、大阪、东京等大城市上大学，从此开始一个人的生活。

所以，孩子从小就必须明白"我和家人只能共同生活到18岁"。

但在大城市，这似乎很难实现。即使孩子成为大学生，也还

---

① 排在第1位的是爱知县（71%）、第2位北海道（67%）、第3位东京都（66%）、第4位福冈县（65%）、第45位佐贺县（14%）、第46位鸟取县（13%）、第47位和歌山县（11%）。

是和高中时代一样，过着走读生的生活。

所以父母的任务就是从小就给孩子传达这些信息：高中毕业后，你就是大人了，必须离开家独自生活。这样，孩子会提前做好一定的心理准备。

如果那时，孩子在经济上还不能完全独立，就让他们在真正步入社会后再离开家。这是底线了。

家长和孩子都要养成"独立倒计时"的意识，做好心理准备。所以，父母在此之前要培养孩子自立的能力。

孩子的自立训练

孩子自立训练的第一步是什么呢？有的父母会尝试让孩子为家里购物；有的父母会训练孩子独立完成自己的事情，即使失败了也要自己想办法，父母不会轻易伸出援手。

但最后一次训练说不定就是孩子的求职。

现代人的求职因为有了求职网站或企业官方网站的指引，求职效率得到大幅度的提升。求职者仅需填写一个通用的应聘申请表（包括简历、志愿书等），就会有超过 5000 家公司看到这份申请。所以，几乎每个求职者都会接到约 50 家公司的面试邀约，接下来就是等待这些公司通知笔试或面试。

哪个行业前景不错，哪个公司"恶名在外"，作为父母，即使你有自己的看法也请忍住，不要说出来。因为这是孩子在人生中必须面临的重大决策，孩子应当自己承担全部责任。在孩子调查并做出选择之前，父母除了听他们汇报，什么也不要做。

如果觉得他们的调查信息不够充分，理由也不明确，父母应该直截了当地指出来："说得不是很清楚！"

那么对于父母的疑问，孩子会怎么回答呢？只是僵在原地，还是会为了进一步明确这些问题，考虑采取下一步的行动呢？父母历时 22 年的人才培养计划成果，将在这一刻得到检验。

真实案例 13　和父母走散了，也不能着急

>>>>>>>>>>>>>>>>>>>>>>>

——来自大女儿（上小学时）

| 爸爸曾把我落在书店里

在亚马逊等网站出现之前，爸爸每周都会去附近的书店或音像店转一转。

有时，他会邀请我："要不要一起去书店？"所以，我经常陪他一起去。

虽说是带我去书店，但他并不带我去儿童图书的柜台。每次我都会跟在爸爸的后面，看看新到的书、小说和杂志。

没过一会儿，爸爸就会开始站着看书。我会默默地记住这个地方，然后迅速溜到儿童读物的角落，对自己说："我马上就会回来，不会走丢。"

但和大家猜的一样，我一看书就会很投入，完全被书中的内

容迷住。等我回过神来时，已经不知道过了多久。

等我匆忙跑回刚才的地方，爸爸早已不在那里，这种事情每次都会上演。

但在第一次和爸爸走散时，我真的很着急。我想到的第一件事，是去书店里最宽敞的中央区域看一圈。

不行的话就去音像店或干脆回家，没什么可急躁的

找了半天，还是没有找到爸爸，我就去了隔壁的音像店。可是那里的货架太高了，小小的我什么也看不见。于是在所有货架之间的小路上跑了个遍之后，我终于找到了爸爸。

爸爸看见我之后并没有骂我，而是问："怎么才找到这里来？刚才哪去了？"然后他只是默默地带我回家。

如果在音像店也没有找到爸爸，我该怎么办？那就干脆自己回家吧！（笑）

说起来，爸爸没有提前嘱咐我什么，即使走散了又会合，他也没有"说教"什么。

如果说这件事能给我什么教训，那就是"即使和父母走散了，也要不焦急地擅自行动"。不要后悔"为什么自己刚才擅自去别的地方呢"，这种后悔没有用。当下应该做的事情是去音像店或直接回家——我只做自己接下来应该做的事情。

同时我也明白了一点："父母不会总是围着孩子转的啊……"（笑）

父亲的评论

我总是要求女儿们要有"自主行动能力"。所以万一发现走散了，我既不会喊她们，也不会找她们。而且，最后会合时，我从来不会因此责备她们。这种"冒险"就是决策力的最好锻炼，为此我要做到"放任不管"，这是前提。

当然，只有在相对安全的购物中心等场所，我才能放心地做这件事。这样的"自立训练"还不错吧？

不要和孩子硬碰硬，耐心地等待孩子长大就好

因为大家都觉得妈妈的话太啰唆

三女儿上了中学开始经历叛逆期。小学时明明那么爱说话，叽叽喳喳，但到了中学，她开始变得沉默寡言了。

她愿意和朋友说话，姐妹之间的聊天也照常进行。但一有父母在的场合，比如全家人在一起吃饭时，她就会安静下来。但因为两个姐姐在一旁叽叽喳喳地说话，处于叛逆期的三女儿总是不太显眼。她在和妈妈进行两个人对话时会表现得更明显——有点傲慢、冷淡。

这就是所谓的叛逆期吧？作为父母，我们只是在一旁冷静地观察。家里的其他两个女儿并没有什么叛逆的表现，所以我们对三女儿的叛逆行为很感兴趣。

然而大女儿上了大学，离家开始独自生活。两年后，二女儿独自踏上去北海道的旅行。饭桌上一下子只有我们夫妻俩和三女儿三个人。那时三女儿 14 岁，处于初中三年级毕业前夕。

孩子妈妈真的受不了如此沉寂的餐桌时光，她会主动和三女儿说话。但三女儿总以冷漠的态度应对，偶尔会应付一两句。吃完饭，她会马上回到自己的房间，不给我们任何与她交流的机会。

妈妈在群聊中和另外两个女儿抱怨："你们的三妹真的好冷漠……"

然后，大女儿和二女儿会在群里喊话三女儿："小葵也终于进入叛逆期啦！要长大啦！"

但三女儿会为此奋力争辩："没那回事！因为妈妈总是唠叨，搞得大家都很厌烦！"

两位姐姐说："对，这就是叛逆期的反应！"

不要和孩子对抗，默默地等待就好

我自己在高中时代也是和父母如此冷淡地说话，所以看见三女儿那样，并不会觉得奇怪，反而选择了放任不管。

她有时会愤怒地吼道："求爸爸帮忙还不如直接死了这条心！"即便这样，我也不追究。

孩子处在叛逆期，父母只需要不对抗，静待暴风雨过后即可。

对于三女儿心理状态的追踪，我都委托给了她的两个姐姐。万一有什么事情，她们会第一时间向我汇报。

几年后的某一天，这场叛逆期风暴终于结束了。

三女儿在饭桌上突然变得健谈，这种转变大概发生在高三那年的夏天吧。虽然她不像小学时那样大说大笑，但终于可以与父母正常交流了。

到底那天发生了什么呢？虽然无法理解高中女生的心路历程，但我一直相信她总有一天会长大的。

能够在一旁默默忍耐并等候的，除了孩子的亲人，还会有谁呢？

我给 3 个女儿早早立下家规

我家的家庭气氛比较和谐，主要因为孩子们拥有"分别之心"。

三谷家有一条家规：高中毕业后，孩子就要离开家独自生活。

不论升学还是直接工作，都必须离家一个人生活。如果实在寂寞，那就试试共享公寓吧。总之，3 个女儿和父母一起生活的时间基本上到高中毕业就结束了。[①]

大女儿去了埼玉县，二女儿去了北海道旅行。三女儿似乎非

---

① 实际上，大女儿在就职后的半年还是住在家里，二女儿从法国留学回国一直到就职、结婚，总共 11 个月，也住在家里。

常期待一个人的生活，但有一天她突然发现，和家人一起吃饭的时间也剩不了几个月，所以还是和父母多说说话吧。这是她对在家中生活 18 年之后即将离家生活的惋惜之情啊！

明白生命有限，我们才会格外珍惜生命中的每一个瞬间。如果孩子意识到同父母生活的时光也是有限的，那么他们也会懂得珍惜。

父母有责任推动孩子独立

让孩子独立生活是父母最后的教育投资

高中毕业后，孩子就要离开家独自生活，这条家规从女儿们上小学开始就不断地被强化。

当然，一个人生活需要大量开支。如果决定在东京生活，不管升学还是工作，每天在路上至少要耗费 1.5 小时，但我家的地理位置比较优越，不管去哪儿都比较便捷。女儿们若是在东京上大学，可以做一个快活的走读生。

但我不希望孩子成为走读生，不希望她们把家在东京、比较方便当作升学选择的理由。我希望她们尝试完全独立的生活。

能够独自生活，这种自由是最令人兴奋的吧？各种束缚的家规不见了，房间里再乱都不会有人管，晚上几点回家都可以。

同时，人在独自生活时，才会意识到与家人共处的可贵之处：咳嗽了，也不会有人嘘寒问暖；感冒了，只能自己窝在被子里，也不会有人立刻给你熬粥。

更困难的是独自生活后的自我管理，因为没人管，什么事情都要自己负责（尤其是管理金钱）。

当再也不会有人指点你时，你是不是觉得生活突然变得困难起来？

那些让孩子一辈子住在家里的父母

但很多父母仍然会对孩子说：

> 你要考上那个大学，以后回家多方便！为了这个，也要努力！
>
> 你真的能够一个人生活吗？你才多大……

就算别人劝这些父母一定要放开手，让孩子独立，他们也会这样反驳：

> 我家的孩子哪能一个人生活，他连饭不会做！
>
> 我们没有财力支持他一个人生活……

是谁让自己的孩子变成一个不会做饭的人呢？

当初在孩子的补习班上不那么拼命砸钱，现在说不定就攒下了支持孩子独自生活的资金。

家中有这样的父母，孩子会理所当然地选择以家为原点的生活方式：在当地的大学或专科学校读书，毕业后在家的附近工作。

其实，这样的孩子大多数对自己的求职没有多少热情，更不会选择自由职业。他们中的大部分人，第一志愿是当公务员，至于创业之类的事连想都不会想。[1]

这种情况多见于东京、大阪、名古屋、福冈等大都市圈中。因为居住在这些城市，孩子实在拥有太多的选择，连去其他地方见识一番的念头都没有。

以东京为例。东京都内每年约有 10 万名高中毕业生，其中约有 64% 升入大学。东京都内有 137 所大学，66% 的高中生会选择在此就学。这一比率在近年来不断上升，从 2004 年算起，在 12 年内上升了 8 个百分点。

如果加上附近的神奈川县、埼玉县、千叶县，东京的孩子在东京都市圈内的升学率竟然高达 95%。大部分孩子都会选择在离家不远的地方上学。

如果经济条件允许，作为对孩子最后的教育投资，请各位父母尽可能地让孩子去离家乡较远的地方求学，推动他们尝试独自生活。

---

[1] 资料源于《大学生的本地志向和就业意识（2006 年）》，调查人为平尾元彦、重松正德。

┃ 独自生活的起点：和房屋中介打交道

当决定独自生活时，最先考虑的是住处。到底是自己租房，还是住宿舍呢？首先要参考自己的预算，在此基础上考虑自己理想的居住条件。当然，在这之前需要做一番调查。

即使这样，还是租到一间不满意的房子怎么办？那就忍到合约期满后再说吧！

搬家之类的事情，父母可以帮忙，但孩子搬进去如何生活，父母必须极力控制住自己想插手的念头，不要"爱管闲事"。

担心孩子的营养状态怎么办？可以办理一种按月结算午餐费用的就餐卡，最近许多学校推出的 100 日元早茶套餐，就是为早上第一节就有课的学生准备的。

孩子独自生活不容易，守在家中的父母时刻担心，也不会好过到哪里去。但这是为孩子将来能够真正地独立生活打基础，父母一定要支持他们独自生活。

对独自生活的孩子来说，自问自答的时间很多。自己的行动直接向自己汇报，尽情享受这种对自己负责的畅快感吧！

真实案例 14 梦想、升学等，都要由自己决定
>>>>>>>>>>>>>>>>>>>>>

——来自二女儿（上大学时）

梦想是住在法国的古老城堡

我从初中开始就拥有一个不太确切的梦想，大概是成为建筑师一类的人，所以在大学就读了建筑学专业。万幸的是，我终于在大三左右开始考虑将来的打算。

刚开始的大学生活基本上被打壁球填满，但现在我开始考虑国外留学的事情：

还是想去国外见识一下。

如果取得建筑师的资格，可以先工作两年⋯⋯

实在不行就回日本考研⋯⋯

说到这里，我真实的梦想其实是住在法国的古老城堡里，从小学到现在一直没变过。

似乎是为了实现这个梦想，我给自己制订了一大堆乱七八糟的计划：

为了买得起城堡，先努力挣钱。

先去那种由旧城堡改造成的酒店工作。

多认识一些和城堡建造有关的人……

这样一来，我反而有些迷茫。等回过神来，我发现自己离梦想越来越远了。

在思考时，尽可能地考虑所有的可能性或实现的手段，这是很有必要的。但最后要舍弃其他可能性，只选择其中一个，这真的需要勇气。最令我紧张的是做出最终的选择，因为无论如何，只能选择其中一个。

不管做了什么选择，都不要后悔

后来，我逐渐明白，无论选择哪一个都一样。既然做出选择，那就不要后悔。这些决定是自己经过认真考虑做出的，就应该信心满满地去执行。一直到现在，我还是保持这样的心态。

每当下决心做抉择时，我的脑海中总会响起两派的声音：一个来自感情派（成员是缩小版的妈妈和大姐）；另一个来自理性派（成员是缩小版的爸爸和三妹）。大家都在发表自己的观点。

我一直都站在中间的立场收集双方的论据，看看到底哪一方会说服我，直到最后得出让双方一致同意的结论。所以，做完抉择后，我没有什么可后悔的。

最终，一年的法国留学时光结束，我返回日本。经过再三考虑，我决定把住在古老城堡的梦想稍微往后推迟。现在，我就职于一家中小型风投公司，十分享受每天的工作。这个决定当时也是在感性派和理性派"辩论"时做出的，所以我也不会后悔。

父亲的评论

二女儿从初中就开始关注英、法等国的古城堡不动产网站：

> 2000 万日元就可以买下古城堡！
>
> 但维护费好贵，起码得 1 亿日元！
>
> 想办法去高盛集团工作算了……
>
> 也不用那样……我要想办法和城堡拥有者成为朋友，在城堡里做个管理员也可以啊。

我和孩子妈妈每次听到这些，都感到很好笑。她为此调查了这么多，考虑了这么多，真是了不起！

未来职场更看重什么

| 初次面试经常在你被打垮后才进入正题

我第一次当面试官是在波士顿咨询公司工作满两年时，负责面试一群刚毕业的大学生。但我那时也很年轻，社会经验也不足，可以说是一名初级面试官。

我当然紧张得要命，不过提前做了充分的准备：我想出几个情景让应试者思考解决方案，然后再根据实际回答进行提问即可。

从那以后，我在咨询公司当了 20 年的面试官，包括拥有工作经验的应聘者在内，累计面试近 1000 人。想不想知道，我这么多年总结出了什么经验？

以案例研究[①]为例。这样的测试可以检验应聘者的很多能力，比如头脑是否灵活、逻辑性强不强、有没有抗压能力等。

这些问题不是随随便便就能给出正确答案的，所以，很多人过早地被打垮了。但正是在被打垮之后，问题才刚刚开始。

如果对方的逻辑有破绽，面试官会指正，用其他例子向应试者说明逻辑的框架。如果对方缺乏定量的概念，面试官会要求应试者做一下定量分析。如果对方给出的解决方案都很无聊，面试官会再给出有几个突破口的问题。

这些都是面试官给出的"救生船"，就看这些应聘者能不能"上船"。认真理解面试官的问题，认识到自己的不足，找到提示中的关键技能，并且做到立刻应用，这才是关键。

---

① 面试官给出一个现实中的或完全虚构的情况，让应聘者进行分析和决策。

面试官需要的是学习能力和危机应对能力

我们真正想检测的是应聘者是否具备从问题中可以不断接近正确答案的潜质，以及在这一过程中是否具备急速提高自己的能力。

每位应聘者都会把"我拥有较高的学习能力"挂在嘴边，那就让我们看看是否名副其实吧。对经营战略的顾问工作来说，学习能力非常重要。只关注案例和问题本身，这不是真正的能力。

面试官最终想要判断的是，应聘者将来能不能独自承担对接客户的工作，独当一面。

突然被某个问题难住，可以真诚地说"不知道"，同时不引起对方的反感或避免造成不愉快，这位应试者拥有这种学习能力吗？这就已经在考量一个人的综合实力。这种能力与年龄无关，也不存在标准的锻炼方法。

人们总会有各种应对危机的方法：有的人可以利用人际关系克服困难；有的人自带人格魅力，让人觉得值得信赖；有的人逻辑性较强，能够做到高效沟通。

在面试时，我们要看看这些应聘者能否坐上我们派出的"救生船"。因为只有在遭遇紧急情况时，才能看出一个人的危机应对能力。

"危机应对能力较强"也是应聘者自夸时的惯用语，那也让我们看看是否名副其实吧。为自己找理由的人，想偷换概念的人，表述支离破碎、情绪处于崩溃状态的人，僵在原地不知道该做什么的人，统统都不合格。

为人处世的综合能力不是一蹴而就的

我们生活在现代化的信息社会，在面试过程中使用过的案例说不定当天就会被公开在网络上，各路专家都会给出自己的答案。在很多求职网站上，这样的标题很醒目："××类企业的面试官都会问这些问题！"××必胜法之类的书籍或文章充斥着网络。

但我要告诉你，背答案是远远不够的。学习能力和危机应对能力不是临阵磨枪就会有的。即使面试过5次、10次，即使把面试题的答案背得滚瓜烂熟，也不会产生更好的效果。

从孩提时代开始，我们其实都在为这样的面试做准备。想要提高为人处世的综合实力，只能靠平时的努力和积累。在未来的社会实践中，一个人最需要的是高效试错能力，而这种能力又离不开想象力、决策力、生存力的助力。

说来说去还是那句话："在日常生活中必须尽可能地锻炼想象力、决策力和生存力。"

作为应聘者，在面试时全力展示自己的实力即可，至于之后录用与否，那就交给用人单位好了。

真实案例 15　遇到危险怎么办

>>>>>>>>>>>>>>>>>>>>>

——来自二女儿（上大学时）

我和妹妹在卢浮宫的遭遇

说起来，我从来没见过爸爸极度焦急或慌张的样子。遇到像是赶不上飞机、忘记和别人的约定、家人受伤之类的情况，他总能做到保持平常心。小时候我经常会感慨："大人真是冷静啊……这就是成年人的世界……"

我现在也经常被人贴上"遇事看不出喜怒哀乐"的标签。接下来就说一件连我都佩服自己的危机应对案例。

在法国留学时，比我小 4 岁的妹妹一个人过来旅行。我们一起游览了圣米歇尔山和巴黎，玩得十分愉快。可是在妹妹来的第四天，一件意想不到的、考验危机应对能力的事件发生了……

那天，我们打算去参观卢浮宫美术馆，午餐定在附近一家稍微奢侈的餐馆。计划倒是很完美，但那天我们刚要到卢浮宫美术馆入口，正走到售票处，突然听到巨大的响声。

我瞬间就意识到那是枪声，于是立刻拉着不知所措的妹妹跑到附近商店的柜台里躲起来。店员和其他顾客也一样躲起来。藏在柜台后面的短短十几分钟，我在充分考虑各种可能性。

| 先定好目标，判断首先要做什么，然后行动

我首先想到的是作为姐姐，我必须保护好妹妹。对于身高跟我差不多的妹妹，我只能尽量用自己的身体遮住她，一起蹲在柜台里。我下意识地掏出自动铅笔，一边紧紧地握着，一边安慰妹妹："没关系的。"

但回想起来，妹妹当时既没有发抖，也没有哭，老实地跟着我，看起来比我冷静得多……

也不知道过了多长时间，警卫人员跑过来，带着我们一路小跑离开卢浮宫美术馆。我们出去的第一件事是先给在日本的爸爸打电话，爸爸提议让我们先找到日本大使馆，或者日资企业的办公地、门店，然后在那里等待，直到确认安全之后再出来。于是，我们立刻出发了。

最后得知，听到的枪声并不是来自大规模的恐怖袭击，日本的报纸顶多作为花边新闻一笔带过。巴黎的街道是安全的。

于是，我决定按照原计划带着妹妹去预订好的餐厅，毕竟她难得来一次法国。我对自己转换心情的能力很有自信，所以就像什么事也没有发生一样，和妹妹高高兴兴地享用了午餐。

回想起藏在柜台后的那段时间，我居然连害怕、后悔之类的情绪都抛诸脑后，只是考虑现在应该做什么、能做什么。

这样的情况一生能遇到几回呢？或许由于我经常看到爸爸遇到什么事情都不慌不忙、沉着应对，自己也会暗暗相信：世界上没有什么事情值得你慌乱。

想一想，如果是爸爸，他一定会想到好方法呢？我也可以像他一样。

所以，我经常对自己说：今后也一定要时刻保持冷静，突破难关，勇往直前。

父亲的评论

以上这些，算是在幼年时期即被多次锻炼危机应对能力的二女儿的学习心得吧。

她在当时冷静而理智的做法令我非常赞赏。但说实在的，突然接到她从法国打来的电话，我还是吓得不轻。刚接起电话时，听到她的声音是颤抖的，我也跟着慌了神……不过，我首先要做的就是尽量用平稳沉着的声音询问情况，让她继续说话。

父母能做的事，其实也只有这些。

>>>>>>>>>>>>>>>>>>>>>

真实案例 16　自己思考，自己调查，自己做决定

——来自大女儿（求职时）

| 最重要的决策：求职

这几年自己完成的最重要的决策是找工作。

我真正步入社会已经有 4 个年头了，每天都在享受自己的职

场生活。虽然我学的专业是营养学，但现在从事的工作与它无关。我就职于一家网络营销互助公司，每天帮助中小风投企业做官网主页的优化，这让我感到非常开心。

现在的工作，是我经过充分的思考和调查后决定的。

我认为，找工作时一定要注意以下 3 点：

- 不要被过去的经历束缚。
- 从自己的经历和真实的性格入手。
- 站在企业的角度思考问题。

求职诀窍之一：不要被过去的经历束缚

大三时，我们进入实习阶段。这时，我才发现营养师的工作并不适合我，于是开始思考，自己究竟适合什么样的工作。

后来得出结论：其实感兴趣的事情很多，能做的工作也有很多。像我这样的性格，不论什么工作，都会做得很愉快。

不受限于大学里的专业和已取得的资格证书，认真思考自己究竟想做什么。

求职诀窍之二：利用他人的视角审视自己

接下来，我开始审视自己：我到底喜欢什么，讨厌什么？于是，我回忆起之前遇到的开心和不开心的事。先把自己的好恶弄清楚，读懂自己，这样将来别人了解我也比较方便，毕竟负责向大家介绍自己的人只有自己。

我在白纸上列出自己喜欢和讨厌的事，各写了 100 个，看看能不能找到某种规律。其实，还有一个好办法，那就是问问家人和朋友，自己的优点和缺点分别是什么。

熟悉你的人会给出比自己更客观的评价。

求职诀窍之三：站在企业的角度看问题

在求职的过程中，我深刻地体会到一点：找工作真的太费时了！先经过两名基层员工的面试，历时 1 小时；再经过部门领导的面试，又过了 1 小时；接下来是社长的面试，再过 1 小时……最终应聘者能不能进入公司，仍然是不确定的事情。所以，企业在招聘时投入的时间成本很高。但即使投入这么多的时间，也要进行下去，由此可见，对企业来说，录取环节有多么重要，它们不得不慎之又慎。

我认为，应聘和录取并不取决于应聘者和用人单位的优秀程度，主要看双方是否志趣相投。所以，应届毕业生在接受面试时，不要让面试官仅就面试的内容对你做出评价，而是要让他尽可能地看到一个全面的你，以此作为是否聘任你的依据。

为了达到这一效果，请做一个实事求是的自我介绍。不要逞强，不要夸大其词，本着对自己和企业负责的态度做自我介绍，描述一个与事实相符的自己。

与此同时，你也要通过面试官的言行举止和提问方式判断这家公司到底值不值得自己留下来。

当时我接受面试的企业有 6 家左右，拿到内定的企业有 1 家。最终，我进入拿到内定的这家公司。

明白了录用工作的重要性，应聘者切记不要轻易接受最终面试。在收到最终面试的邀约前，你要先想好：如果可以拿到内定，自己想进入这家公司吗？

如果答案是"不想"，那么就干脆不要参加对方的最终面试。

最后向爸爸做了汇报

和之前考大学时汇报志愿一样，我向爸爸做了求职汇报。

我把决定就职那家公司的理由整理好，告诉了爸爸。爸爸虽然对我说"我明白了"，但还是提出了他的质疑和要求："不要说说就算了，最好给出一份书面的汇报。企业最重要的东西都确认了吗？"

我觉得爸爸说得很有道理，于是告知公司的人事部想要实地观察一下公司。得到允许后，我在公司里参观了一整天。所以，我最后选择进入这家公司，并不完全是被招聘负责人、公司职员、社长等提供的信息打动，而是眼见为实，经过自己确认后决定的。

步入社会后，我的眼光变得更长远，考虑的事情也更多了。

我在前年结婚，之后就不再只是三谷家的大女儿，还要成为一名妻子。或许再过不久，作为母亲的人生也会开始吧。而从小学五六年级，我就立志成为"值得依赖的姐姐"。

默默地继续努力做下去吧。

父亲的评论

在向我汇报时，大女儿考虑了一会儿我提出的疑问，然后就开始在电脑上发邮件——邮件是发给拿到内定的那家企业的。内容是："如果 4 月 × 日或 × 日方便，请允许我在公司的角落站一天。"

想必收到邮件的招聘负责人也会为此感到惊讶吧。但我同时也意识到，自己对大女儿的教育工作终于可以告一段落。

可以了，这样就够了。她可以做出自己的判断、为自己的人生负责了。只要做到这一点，她的生活中就没有什么值得我担心的事情了。

专栏　锻炼责任感，不要只是等待指示

不要只是等待指示

是否录用某个人，并不是一个人能决定的事情，需要通过人事专员在内的多人讨论才能决定。除非是从竞争对手那里挖过来的人才，否则刚入职的员工一开始很少能够做到出类拔萃，所以是否录用的重点在于应聘者的提升空间如何。主动性和自律性是

很重要的职业素养，求职者必须让用人单位意识到自己的潜质。

咨询公司的产品无法批量生产，公司的员工每天都要面对新的课题，每个课题都充满个性化的特征。参与产品生产的员工不能只等上级的命令，必须主动学习和接受挑战，不然很容易被行业淘汰。

所以，在面试时，我也会稍微"使坏"，比如突然沉默下来，似笑非笑甚至略带嘲讽地看着应聘者。那么应聘者该怎样应对呢？

接着，我会提出一个模糊不清的问题，然后说："10分钟后我们再谈吧！"一边说着，一边离开房间。应聘者又该如何应对？

许多人立刻掏出智能手机上网搜索答案，也有人僵在那里浪费时间。现在我分享一段学生时代在波士顿咨询公司实习时的类似经历吧！

1986年夏天，在波士顿咨询公司实习时被晾在一边的我

在大四那年的夏天，我得到在波士顿咨询公司实习的机会。

故事要从一封邮件开始说起。那年春天，在我租住的公寓信箱里塞了一封广告邮件，内容是咨询公司界的研讨会邀请（而且是鸡尾酒会）。我受到吸引，出席了酒会，感到很有意思，就在当天申请了实习岗位，终于在6月收到波士顿咨询公司的面试

邀约。

接下来的一切都出乎意料地顺利，我作为实习生被录用了。

实习时间是整整 3 周。当时我的毕业论文八字还没有一撇呢！于是，在那段时间，我在白天实习，晚上做实验、写论文。幸亏同年级的同学都比较优秀，托大家的福，我才得以顺利地完成毕业论文。

最大的问题反而出自实习环节。当时有一个在麦肯锡公司实习的同学告诉我，实习刚一开始，他的上级就给他一摞差不多 1 米厚的资料，要求他第二天针对这一主题给出一份分析报告。不过这件事并没有吓到我，我自认为是一个书呆子，对自己的信息处理能力非常自信，认为不管怎样我也会过关的。

但在波士顿咨询公司实习的第一天，我就受了教育。我按照约定好的时间到达指定场所（东京分公司的会议室），在那里等着我的只有一张纸。看到上面的第一句话——"提前调查好食品行业的动向"，我就懵了。

听说那位负责带实习生的中级顾问非常忙，当时正在出差，而且短时间内也不会回来，就留下这项任务给我，并且在最后交代："下一次会议的时间在一周之后。"

我的天啊……食品行业的范围有多大？包括农业吗？动向又是什么意思？该怎么调查呢？

不过，他倒是说有 5 万日元的预算，可以让我随便买参考资料……

然后，我就开始了为期 3 周没人管的实习生涯。

实习期可以考察一个人的瞬间反应能力、应对模糊任务问题的能力

也不知道他们是不是故意晾着我，与我同期进入公司的实习生（两人一组）也遇到差不多的境况：都是给出任务，然后要求自己思考、调查，得出结论。

作为一名物理学专业的理工科学生，对于咨询顾问应该拥有的知识，储备量几乎为零。当时我受到不小的打击，之前从来没有遇到这么不明确的问题。但除了自己尝试理解，别无他法，并且也要完全靠自己解开难题，这种自由度还真是让人难以想象。

我能做的第一件事是立刻去附近的大书店买一些资料。做完资料收集的工作后，我就已经觉得干劲十足。

最后，我其实也没有给出什么特别出色的方案，但还是拿到内定，被波士顿咨询公司录用了。

上级对我在实习阶段的表现评价如下：

- 具备信息处理分析能力及解决论题的反应能力。

- 不逃避难题，有责任感，积极性较高。

- 有应对不明确问题的能力。

为了选拔人才，我也开始晾着实习生

从第二年开始，我也成了面试官。这回我自己也看到同样的问题。

面试时，只能检验出应聘者是否具备瞬间反应的能力，但至于责任感和应对模糊任务的能力，一时间很难做出判断。而实习期正是验证这些能力的机会，所以我也采用晾着他们的方法。

最辛苦的事情就是给这些实习生当导师的年轻顾问们。虽然前辈多次嘱咐，不要直接告诉他们答案，不要过多地回答他们的询问。但前来咨询的实习生都很可爱，这让年轻顾问们很开心，所以最后他们都会打着给出建议的名义直接给出答案……

这还怎么考查一名实习生的水平呢？虽然最后输出方案的质量会提高，但实习期的考查也变相地成为对情报整理分析能力、演示文稿制作能力和沟通能力的考查，与面试时考查的内容相同，又在原地打转了。

话虽如此，如果太过于晾着他们，实习生也会失去干劲，甚至怀疑留在这家公司的价值。所以，带实习生的导师要在实习期内适当地与实习生开会。会议中，导师要明确传达对实习生的要求，对方案阶段性的进展给出评价，然后进行适当的讨论，但绝对不要直接解答实习生的疑惑。另外，这种会议举行的频率不要太过频繁。

顺便说一下，我在波士顿咨询公司实习的第一周，负责带我的中级顾问给出这样的反馈："没有电通公司该有的样子啊……"

当时我的脑海中就冒出了无数个问题："电通是什么公司？什么叫电通公司该有的样子？你到底想要什么样的方案呢？"

当然，在会议中，实习生最好不要问这样的问题，先把会议进行下去，事后自己做调查比较好。

大家是怎样对待实习生的呢？你们更看重实习生的哪些品质呢？实习是时间和成本都比较高的招聘手段，不明确自己的目的，那就是在浪费资源。

第二部分

未来社会更需要
独立的孩子

第 **8** 章

新时代需要什么样
的人才

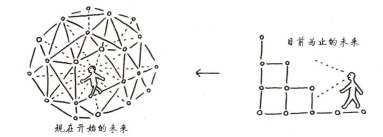

目前为止的未来

现在开始的未来

本部分的前提从分析大环境开始，孩子将要面对的

未来环境究竟是什么样的呢？

即使不能确切地预测未来的样子，但为了帮助孩子

拥有适应未来所必需的能力，我必须从人工智能和机器

人这一话题说起，因为它们是最接近人的人造物。

阿尔法围棋、机器人医生沃森、自动驾驶对人类的挑战

从阿尔法围棋开始

近年来，在经济领域或整个人类社会中，人工智能的发展和应用都是热门话题。随便打开一份报纸，几乎都能看到"人工智能"一词。2016 年是人工智能发展重要的一年。仅仅在同年的 12 月 24 日前后，你可以看到以下堆积如山的新闻报道：

扎克伯格（Facebook 创始人）完成了一项家用人工智能系统的研发。

电装公司（DENSO）与日本电气股份有限公司（NEC）合作，将共同研发人工智能在自动驾驶技术上的应用。

富士通公司在人工智能与物联网领域中投入 3000 名员工。

……………

人工智能可以应用于家庭、自动驾驶……，基本上可以应用

于任何地方。所以，需要人类从事的工作会越来越少，这就是我们要面临的未来社会现状。

2016 年 3 月，谷歌发明的人工智能机器人阿尔法围棋与围棋世界冠军、号称围棋界"魔王"的韩国围棋职业九段棋手李世石大战，最终以 4 ∶ 1 的总比分获胜。这场人机大战的结果震惊了全世界。

9 个月后，阿尔法围棋以"大师"（Master）为 ID 登录围棋网站，与包括日本棋手井山裕太（当时已获得 6 次世界冠军）在内的众多围棋强手开战。最终 Master 以 60 战连胜的成绩战胜了所有棋手，这使得很多职业棋手把 Master 看作超越人智的存在。

2017 年 5 月，Master 与当时世界排名第一的中国棋手柯洁展开较量，最终取得了三连胜的成绩。

阿尔法围棋的厉害之处在于，其独创性和进化速度

阿尔法围棋的厉害之处，不仅在于其压倒性的势能，还在于其进化速度及攻击对手时的独创招数。它克服了以往人工智能围棋的弱点，还在与许多围棋手的反复过招中学会了"不按常理出牌"的稀奇古怪的招数。

日本国棋职业六段棋手大桥拓文说："它可以在前 30 招内打出很多棋手无法理解的招数，之后却能奇迹般地取胜，简直令人不可思议。"

阿尔法围棋的智慧是从哪里来的？当然是我们人类。它先是

被输入了从古至今流传下来的 3000 万种左右的棋局，这些作为范本的棋局可是人类智慧的结晶。但从此以后，阿尔法围棋就进入了自学成才的阶段，通过与自己的对弈强化、提高棋艺，达到人脑无法超越的水平。

中国围棋职业九段棋手古力说："我们认为永恒不变的围棋真理被阿尔法围棋打破了。"

但是，谷歌公司的创新和挑战并未因此止步。2017 年 10 月，研发完成的 AlphaGo Zero 甚至把原来的阿尔法围棋打败了。因为 AlphaGo Zero 并没有向过去的棋局学习，而是在与阿尔法围棋的不断对战中提升自己，最终掌握了超越对手的独门妙招。

现在包括藤井聪太（职业七段）在内的日本很多职业棋手，为了寻求出招时的独创性、挖掘那些超越常识的新招，不仅把人类当作切磋对象，还会向人工智能围棋或象棋机器人学习。

阿尔法围棋的进化速度超出了所有人的预测。与其说这是围棋界的人工智能与人类对抗，不如说是人工智能正在不断打破人类的常识。

2008 年，人们认为人工智能战胜人类顶级棋手还需要 50 年，实际只用了 8 年。

2014 年，人们更正了自己的观点，认为人工智能战胜人类顶级棋手的时间会缩短为 10 年，实际只用了 2 年。

所以，人类无法准确地预测出人工智能的进化速度。

能够读懂人类语言的 IBM 机器人医生沃森

人工智能具有非凡的推理能力，若再能读懂人类语言，那更是如虎添翼。

IBM 在 2009 年研发成功的机器人医生沃森[①]，就能够读懂人类语言。它不但在智力竞赛节目中打败了人类，而且被实际应用于生产领域。

2016 年 8 月，东京大学医科学研究所对外公布：沃森成功地诊断出某患者患有特殊白血病。该患者为此改变了治疗方案，数月之后便康复出院了。这是沃森成功救治的首例人类患者，整个诊断过程仅耗时 10 分钟。

东京大学医科学研究所正与 IBM 合作，尝试将沃森应用于癌症的临床治疗。和阿尔法围棋一样，人工智能首先要向人类学习。对沃森来说，海量的医疗文献就是它要学习的东西。与癌症相关的约 2000 万篇论文被输入沃森的"大脑"，沃森借此提高诊断癌症的能力。

与文学作品不同，研究论文具有较强的逻辑性，很少掺有含糊其词的表述，对人工智能来说，这是较为容易理解的文章类型。

医学界每天都会有上千篇论文发表，一个人不可能把这些论文全部读完，对沃森来说这件事却是小菜一碟，并且沃森在诊断中能够保持极强的"沉着冷静"。

---

① 沃森是以 IBM 创始人托马斯·J. 沃森的姓氏命名的。

苹果、谷歌、亚马逊、微软之间的竞争

自然语言处理技术（Natural Language Processing，NLP）能够帮助人工智能识别人类的语言。人工智能不仅能解读文本（text），还要听懂交谈（speech），这样，其应用领域才会更加广泛。

比如，在呼叫中心、电子商务、家庭自动化设备、智能手机和电脑等领域应用人工智能，那么我们简直就像雇用一个忠诚的管家或秘书一样，生活和工作极为便利。

苹果公司旗下的人工智能 Siri 和谷歌公司旗下的 Google 智能助理在手机市场中竞争激烈，难分高下。但谁也没想到，最终被以电商市场占有率为竞争优势的亚马逊公司拔了头筹。亚马逊公司研发的人工智能语音助手 Alexa 在智能扬声器 Amazon Echo里一直竖着耳朵聆听人们的讲话。当人们说："啊，家里的麦片要吃光了！"Alexa 会立刻回答："那么就下单买 800 克你平时最喜欢的卡乐比水果果仁营养麦片如何？"于是，人们心满意足地回答："好的，拜托啦！"

随着性能的不断提高，Alexa 现在可以为人类提供数千种服务。

IT 巨人微软公司也不甘落后，语音助手微软小娜（Cortana）已被安装在 Windows 10 系统中。微软小娜除了积极地保持本土化，还要确保能够应对各国的方言、语音语调和词汇系统。

借助微软公司的力量，LINE 发布了拥有高中女生形象的人

工智能玲奈。她能够与人们进行非常流畅的对话，并且非常符合高中女生的人物设定：说话简短，亲切自然，毫无违和感，任何人与她对话都会觉得很轻松。目前已经有 630 万人成了她的好友。

但听到玲奈把"非常感谢"说成"谢啦"[①]，我还是会感觉有点怪怪的。

今后，人工智能都可以被应用于需要交流的大多数场合。有些是基于文字沟通的场合，如一些社交服务网络、电商平台等；有些是基于语音沟通的场合，如呼叫中心等。凡需要网络或电话沟通的地方都可以人工智能化，这样，人力成本一下子会降低很多。

自动驾驶改变了社会结构

或许让人形机器人替代司机开车比较困难，但汽车的自动驾驶时代离我们不远了（虽然我也很难接受这件事）。

自谷歌公司率先投入研发后，全球范围内的汽车制造商都开始前赴后继地跻入自动驾驶技术的研发浪潮之中，即使它们都知道这需要大量的资金和长时间的投入。

目前，日本高速公路已经允许等级为 5（完全自动化）的自

---

① "谢啦"的日文为あざます，是谢谢的简化版。一般较为豪放的男生或亲近的人之间才会使用该词语。所以，当玲奈说此语时，作者有些违和感。——译者注

动驾驶车辆行驶，从 2019 年开始，在普通公路上，人们也会逐渐见到自动驾驶汽车的身影。对受困于人员不足的公路运输行业来说，这是一个喜人的消息，因为不管拉客还是送货，自动驾驶都是安全且成本低廉的选择。

虽然如此，当下在世界范围内实现全部交通工具的自动驾驶化仍然很困难。但只在部分领域实现自动驾驶，其影响就已不容小觑。不管人们的生活方式还是生产方式，都会随之发生剧变。

独自一个人生活变得容易起来，对老人来说，从此可以实现想去哪里就去哪里的梦想。并且人们不一定必须自己买一辆自动驾驶汽车备在家里。就像大多数社区都拥有每 10 分钟收费 100日元的便民游泳池一样，若自动驾驶汽车能够实现批量化生产，说不定其租用价格会比便民游泳池还便宜。

随着交通技术的进步，喜欢旅行的人越来越多。虽然外出旅行可以住酒店、民宿等，但若是旅行路上有一辆可以住宿的自动驾驶汽车，听起来是不是更炫酷呢？真到了那一天，不知道旅馆或观光酒店会增加还是会减少呢。

如果自动驾驶大货车被成功研发出来，物流业一定会有不小的变化。由于配送成本降低，没必要每次都尽可能地运送最大体量的货物，这简直是中小企业的福音。对需要送货上门的各个家庭来说，自动驾驶大货车直接的用处不大，因为最后一步的收货无法实现自动化。但若是每个家庭都配备自动收货箱，这一问题便会迎刃而解。

如果交通和物流都变得更便捷，那么城市的结构也会随之变化。我们不用再遵从大城市的集聚效应，即使分散开来，生活也会很方便，工作和生产效率也会保持在高水准。

当然，这都是后话，我们现在要谈的还是人工智能。

专业技能单一的人可能会被裁员

2017 年还未结束，很多大银行和大型企业都已裁掉一大批事务岗的员工。

瑞穗金融集团在 10 年内已经裁掉 1.9 万名员工（占员工总数的 24%）。

三井住友集团的事务岗在 4 年内也已被人工智能部分替代。

不管多么复杂的工作，不管该岗位需要处理多少信息，只要可以流程化处理，都将被人工智能或机器人陆续替代。司机等事务岗自不必说，很多我们认为的高薪职位、专业技能要求高的工作也有可能被人工智能或机器人替代。

- 金融贸易商、证券商：全部业务。
- 律师：诉讼时的相关法案和案例等信息整理工作。
- 医生：诊断疾病种类和病情、（腹腔镜等）手术辅助工作。

2000 年，美国高盛集团的股票交易部门还有 600 名员工，而现在仅剩 2 人，取而代之的是 200 个系统工程师和人工智能机器。

不论律师还是会计师，检索相关法律、收集或整理案例等信息的工作量非常庞大。但拥有发达的人工智能技术后，人类只需建立一个完整的信息数据库，把检索的工作交给人工智能即可，对它们来说，这可能只是一瞬间便可搞定的事情。年轻人的工作越来越不好找，因为原本那些处理信息的杂活已经不再需要人类承担。

并不是说社会不再需要医生、律师、会计师等职业，而是以后在这些职业中需要人工处理的场合会越来越少。

还剩下什么职业需要人类，未来又有哪些职业的需求会增加

人类还能做什么？什么样的人不会被人工智能替代？不仅不会被替代，什么样的人在未来更能发挥作用呢？答案是，保留下来的是具有灵活性、不拘泥于固定模式的人，增加的是降低人工智能使用成本的人。

未来需要的工作有：无法用数字、公式、文字简单量化的工作，无法流程化的工作，需要依赖人的判断才能完成的工作，随着人工智能的普及反而越来越需要的工作。

让我试着做出几个预言吧。

例一　研究员

因为人工智能只能集合人类现有的智慧做出合理的判断，一些人类迄今尚未取得任何成果的科研项目，若没有研究员的投入研究，人工智能是无论如何也无法攻克的。

例二　心理咨询师

一些简单的心理咨询工作，的确可以交给人工智能处理。但在很多时候，咨询人并不只是想获得正确的意见，更想获得倾听和共鸣。不管基于语音还是基于文字，人工智能都在不断进化，但在沟通时，它们最多能做到的也只是随声附和两句，并没有与人产生完全共鸣的能力。

如果人类咨询师的咨询费用能够下降一些，如每小时 100 日元，相信那些需要在咨询中获得情感共鸣、不满足于人工智能咨询师的人，都会跑去咨询活生生的人。

例三　网络购物平台企划者和管理者

自动驾驶和无人快递等新技术的应用，使得物流配送的成本大大降低。我们在进行网络购物时，附加值中的最大部分产生于"最后一公里"，即把商品从仓库送到消费者手中的这一过程中。因为人工配送快递的支出占网购附加值的六成以上，所以网购的邮费就比较贵。如果人类企划者和管理者能够好好利用人工智能，这种情况或许会有所改观。当然，你必须拥有不输给亚马逊公司的管理者的智慧。

除了这些，还有更重要、更需要人类的工作，那就是创造新事物的工作。

未来最需要的是在试错后可以创造出新事物的人才

> 人工智能做不到的事：创造新事物、开发新产业并从中抽取重要部分，进行推理

读懂全世界的语言、储存人类所有的知识、不管在语音还是在文字方面都可以与人类交流、随时随地处理和检索信息……如此能力超群的人工智能逐渐被应用于各个领域、渗透到各个方面将是一个趋势。

人工智能还可以做到对现有产品进行改良。比如，针对物联网系统，人工智能可以迅速收集海量信息并加以分析，然后反馈出诸多改进意见。

但对人工智能来说，改良商品可以，创新却不能。人工智能不仅不能创造出新产品，还不能创造出像新的企业经营模式、营销手段之类的事物。为什么会这样呢？因为新事物在被创造前是没有被明确定义的，也没有相关事例作为参照，人们需要多方考虑、实践才能获取灵感，完成创新。而对只能处理明确信息的人

工智能来说，这些是不可能完成的任务。

三得利公司的伊右卫门茶是近年来日本茶饮料中极具人气的商品。1990 年，伊藤园的 Oiocha 茶走红；2000 年，麒麟饮料的生茶大热。而在 2004 年，本木雅弘和宫泽理惠成为伊右卫门茶饮系列的代言人，并为其拍摄广告片，伊右卫门茶从此一炮而红。如今，它已是每年能卖出 5000 万箱、年销售额 1000 亿日元的超人气商品。

但这是经历了 5 次大失败后才收获的成功。

最初是 1991 年上市的三得利日本茶（这就是该商品的名字），因为产品本身毫无特色，几乎在一眨眼间就下架了；第二次是在 1993 年上市的三得利铭茶，同样是一上市就消失了；第三次是在 2000 年上市的深切绿茶，以猫咪的形象作为包装主视角形象，也是收效甚微。此后更是失败连连：2002 年的绿水、2003 年的和茶。一直到了伊右卫门茶，它的开发代码是 NZ，N 是日本茶（Nippon Cha）的首字母，Z 是英文字母表中的最后一个字母。不难看出这是背水一战的项目。如果伊右卫门茶的研发还是失败，三得利公司就要放弃日本茶饮料的开发。

至于伊右卫门茶成功的原因，说法有很多。经营宇治茶的百年茶庄福寿园是三得利公司的合伙人，在福寿园的参与下，新的茶饮用了一个颇具传统风味的名字（伊右卫门是福寿园茶庄创始人的名字），瓶子设计也非常有新意（竹筒形），而且无菌填充生产线的应用促使瓶装茶饮的鲜度得到了大幅度的提升。除此之外，为了吸引男性消费者，在他们心中产生品牌效应，它们很少在电视上投放广告，而是更多地在交通枢纽上投放广告（如在道路上设立广告牌）。与此同时，伊右卫门茶不以超市为中心，而是注重把产品放在便利店中的醒目位置。

伊右卫门茶的成功，或许是不断失败却永不言弃的三得利公司应得的赏赐，也是一次基于人类策划管理的胜利。这是在冲中直人的领导下，十几个开发小组夜以继日构思努力的结果；这是经历 5 次失败的三得利公司社长们咬紧牙关努力创造出的结果。这些奇迹，人工智能是无法创造出的。

支持全民创新的众筹基金

在未来社会，人们不仅需要开发新商品，还需要创造新的事业体。

中小企业承担着全民创新的重任，同时，对它们来说，未来是最好的时代，因为一些作为助力的技术和基础已经成熟。这包括为电子信息技术带来突破的云技术、在创业之初给予创业者人力和财力支持的众筹基金，还有这些众筹基金背后的大众。

众筹曾是一些音乐人或导演为了实现自己的梦想而采取的筹措资金的方法，但现在已经以不同的形式出现在各种类型的平台上，大体可以分为优惠型众筹、捐赠型众筹、贷款型众筹、出资型众筹等。

捐赠型众筹的特点是，出资者不要求金钱等偿还，而是接受信件、限定款商品、特别体验等作为回报。

在 2009 年成立的老牌众筹平台 Kickstarter，到目前为止已经承担 13 万个众筹项目，但只有不到 6 万个项目筹到设定金额[①]，累计筹措不到 30 亿美元。创新项目的成功率只有44%，而平均每个项目需要投入 17 500 美元。但很多中小企业的创新之旅是在此类众筹平台的帮助下开始的。

即将发生重大变革的行业是制造业

随着中小企业的创新，不仅是互联网行业会得到长足的发展，制造业也会蓬勃发展起来。克里斯·安德森（Chris Anderson）[②]在 2012 年出版的《创客：新工业革命》（*Makers*）一书中表达了这一观点。下一个变革的舞台是制造业！也就是说，我们可以像在计算机等虚拟空间中处理信息一样，在现实世界中轻松地创造事物。开发 1 万个左右的利基市场，以此催生无限的可能，这才是制造业未来的发展方向！

互联网使信息共享，壁垒几乎荡然无存，我们已生活在一个信息高度共享的时代。现实世界比铁臂阿童木所在的世界大好几倍，而且不会缩小。安德森认为，现实世界正在发生巨大的变革，很多人正在为变革而努力探索。

---

① 若没有达到设定的目标金额，这次众筹就算失败，筹措金额将变为零。

② 克里斯·安德森，美国《连线》杂志主编、经济学中长尾理论的发明者，常从现有的数据中发现未来的发展趋势。代表作品有《长尾效应》（*The Long Tail*）、《免费：商业的未来》（*Free: The Future of a Radical Price*）等。——译者注

　　3D 打印机、激光切割机、计算机数控系统、3D 扫描仪是制造业变革后发明的 4 种技术。只要应用这些技术，大部分新产品从开发到生产的速度就会大大加快。如果需要制作试制品，申请众筹基金可能是一个不错的选择。如果拥有这些技术的生产基地在世界范围内已成立几千个，创新者和创业者在有需要时可以借用，这会极大地激发创新和创造。

　　新兴企业和小型企业将面临巨大的创新挑战。一旦成功，这些企业就会迅速发展，或许会被谷歌这样的巨头公司收购。创业者有了这笔资金，不是马上又可以开始新项目的研发了吗？

　　就算失败了，不管是挑战下一个创业项目，还是跳槽到一家发展中的企业，这些宝贵的经验不都是创业者自己的财富吗？

哪种从业者将会激增？答案是创业者

　　更多的新企业出现并投入运营，已是大势所趋。

　　最近 10 年，全世界的创新者和创业者都在激增。究其原因，不得不说这是资金筹集和商品交易简单化的结果。

　　美国的创业者①人数为人口总数的 7%，即 2300 万人；日本的创业者人数为人口总数的 3%，即 355 万人。

　　这些创业者才是国家未来发展的关键推动力。

---

① 创业者是指创业刚起步的人或准备创业的人。该数据基于 2015 年全球创业观察（The Global Entrepreneurship Monitor，GEM）的统计结果和各国人口统计推算而出。

创新型企业最需要的 10 种人才

| 先清楚孩子到底是哪种类型的人才

虽说是创新和创业，但所有人都应该抢着当领导者吗？我看未必。在一个团队中，真正的领导者有一两个就足够了。

世界知名设计公司 IDEO 的总经理汤姆·凯利（Tom Kelley）在《创新的 10 个面孔：打造企业创新力的十种人》（*The Ten Faces of Innovation: Strategies for Heightening Creativity*）一书中认为，理想的创新、创业团队应该像一支足球队。

> 全员都能碰到球，重视传球、运球时永远不忘以把球射入球门为目标。
>
> 为达到这一目标，每个球员都要熟悉在多个位置上运球的技能。
>
> 教练们应该重视赛前指导，真正比赛时少指手画脚。

需要注意的是，一个重视产出结果的创新团队应该配备多种多样的人才，具体来说分为以下 10 种。

- 人类学家：能够观察并发现有趣的人。
- 实验者：能够快速产出试制品，并能发现其中待改善部分的人。

- 花粉输送者：帮助大家理解并应用不同领域的要点知识的人。
- 跨栏选手：勇于跨越障碍的人。
- 协作者：能够纵观全局，横向解决问题、给出方案的人。
- 监督者：召集并管理人才的人。
- 经验设计师：能够做出让对方满意的方案的人。
- 舞台设计师：能够为工作人员创造最佳工作环境的人。
- 看护人：提供贴心关怀和照顾的人。
- 讲述人：为创立新品牌而善于沟通交流的人。

在这些类型中，善于观察并发现的人类学家与善于传递情报的花粉输送者尤为重要。当然，我们同样不能否定其他类型的人才不可替代的价值。

你觉得自己的孩子更接近哪种类型的人才呢？

想象力 × 决策力 × 生存力 = 试错能力

不管你的孩子属于哪种类型的人才，作为创新团队中的一员，他必须拥有的就是试错能力。那么，什么是新事物？答案就是，大家都不知道的东西、暂时理解不了的东西、预测不出的东西。

我们之前提及的伊右卫门茶在经历 5 次失败后才取得成功。

如果非要计算创业的成功率，那么从想法诞生到股票上市，一个企业成功的概率只有百万分之六。

若是提前投入大量的精力用于问卷调查或反复讨论，成功率会被提高吗？

不可能，投入多少精力也做不到。即使问卷调查显示该产品很受消费者的欢迎，那么消费者在产品上市之后真的就能如约购买吗？商家根本无法把控此事，只能抱着赌一把的心态去尝试自认为可以成功的创意。

不要询问用户"某产品在什么地方不便使用"，而应该是自己多观察人们是如何使用的。

不要询问用户"如果某产品改变××，那么会怎么样"，而是要生产多种试制品让用户有实际的体验。

不要用已完成的试制品说服投资者，而要想办法用众筹赢得实际的订单。

如果发现某个方案不成功，那就从头再来。试着从多角度思考多种可能性，不行再试下一个。这种高效试错能力才是研发新产品、开创新事业的关键。

所以，不断失败并不可怕，重要的是能够快速地想出新方案，并与大家讨论新方案中哪一个切实可行，然后再次投入尝试。

要做到每天不厌其烦地重复这一过程……

　　而这就是在人工智能时代，人才必须拥有的能力。反过来想，如果孩子拥有这样的能力，那么未来还有什么可担心的呢？

　　为了让孩子拥有这种能力，我有必要介绍以下 3 种能力：

- 想象力：不拘泥于常识，善于发现新事物且愿意深入探究的能力。
- 决策力：为了在更多的新方案中选择最佳方案，能够为此进行调查和思考的能力。
- 生存力：不管失败多少次，都能够快乐而勇敢地继续实现自己想法的能力。

　　要想将这 3 种能力全部学会，在家庭中的日常训练必不可少，这就是我写这本书的目的。

专栏 认真观察人，发现并培养人才

对拥有发现力的团队来说，人类学家尤为重要

创新型团队需要配有 10 种人才中，最重要的是人类学家（Anthropologist）。

人类学，顾名思义就是研究人类的学问。探究人类的生物性，这属于自然人类学研究的范畴；探究人类的语言、社会习惯，这属于文化人类学研究的范畴。无论如何，人类学都是一门通过观察、实验阐明人类的形成过程的学问。

如果你与文化人类学家搭档，一起去原始丛林调查一群与世隔绝的人，那么你们一定会有很多新发现吧？但直接向这群人问"你们是谁，你们的生活习惯有何特别之处"，恐怕很难得到什么像样的答案。通常，文化人类学家会先与这群人共同生活几个月或几年，然后从中探寻自己想要的答案。所以，人类学家是一群以特殊事例为对象，通过观察得出结论的人。

知名设计公司 IDEO 就是重视人类学家型人才的典范。它愿意雇用这样的人，并向他们提供发挥才能的空间。人类学家善于将自己的发现运用到实际工作当中，若稍加培养，就一定会成为企业未来创新的主力。

人类学既然是一门学问，其背后肯定拥有系统的学习方法。

若你觉得系统地掌握人类学方法甚是困难，那么最起码也要做到认真观察别人。其实，一旦你给自己树立认真观察别人的目标，世界在你的眼中都会变得大不一样。

花粉输送者可以促进知识和人才的交流

让我们用汤姆·凯利的观点分析 10 种人才中的花粉输送者（Cross-Pollinator）。花粉输送者能够掌握更多的专业知识，重新定义团队分工，突破既定组织人员结构的条条框框，促进知识和人才的交流。

凯利举了一个例子用来说明这类人才在现实中的具体表现。

在宝洁公司新任首席执行官阿兰·乔治·雷富礼的带领下，公司内部的跨组织交流以及向外征求意见的活动越来越多。其直接的红利就是宝洁公司此后生产出很多畅销品。

口腔护理部门从非本行业的洗衣用品部门那里学到安全增白剂的相关知识，从而生产出人气商品佳洁士 3D 炫白牙贴。

洗涤剂部门结合家用净水剂和洗碗机清洁剂的知识，生产出洗车蜡产品"朗白先生"。只要把它浇在车上，然后用水一冲，就可以洗净车体表面，这正是洗碗机清洁剂的秘诀。

为了让组织内部拥有更多异花授粉（而不是自花授粉）的机会，在这里，我将提供 7 种助力方法：①雇用拥有多种工作经历的人才；②为企业引进多种多样的文化；③推进各种项目；④从访客身上学习经验；⑤举办培训讲座；⑥每周一进行技术讲座及交流会；⑦营造可以自由讨论的氛围。

虽然这些方法看起来没有新奇之处，但都屡试不爽，只有执行起来才会知道效果。

转来转去的蚂蚁只是乍一看没有效率

异花授粉并不是必须由博士才能完成。一些不执着于收集食物、每天转来转去的"蚂蚁人"，也拥有这一能力。

转来转去的蚂蚁没有什么创造性，它们的工作只是每天把食物搬到窝里。如果有一天突然找不到可运送的食物，对它们来说，这一定是当头一棒。

但若是这些蚂蚁不那么执着于寻找食物，而是在周围漫无目的地乱转，说不定就会有新的发现呢？"那边也有食物，过去看看！"

那些看起来毫无创造性、转来转去的蚂蚁，从长远性和全局性来看，对团队的繁荣和发展也具有不可磨灭的贡献。

所以，管理者应该关注周围，发现并培养人类学家型人才，或者那些像转来转去的蚂蚁一样、看起来效率并不是很高的人才。你要相信，总有一天，他们会成为你们"足球队"的得力干将。

如果你发现了一些经常在远眺的人，或者看起来一直在转来转去的人，这时就应当注意：他们有什么新的发现？说不定他们发现的东西能够颠覆你的常识！

但前提是，你能改变自己评判员工时所带有的主观偏见，并且有足够的耐心等待。

现在的学生需要学会解决问题的方法

在一次高中生小型报告中的见闻

我曾在某高中参加过学生的科研项目报告会。小组最初由 4 位女生组成，她们把高一新生几个月来努力研究的成果做成演示文稿，为我做了一个小型报告。

"主题是跨国婚姻。"

（嗯嗯，好的。）

"根据我们收集的数据，日本国内每 30 对夫妇中就有 1 对是跨国婚姻。"

（是吗？这么多……）

"从跨国婚姻存在的问题出发，我们 4 个人进行了激烈的头脑风暴 [①]，然后得出包括'意识壁垒'在内的 3 个关键点。"

（啊，用了这种方法，但真的只有这 3 个关键点吗？）

"后来我们通过向全校同学发放调查问卷得出答案。"

（突然就对全校学生进行问卷调查吗？）

"根据问卷调查结果，我们发现，在高中生心目中，意识壁垒在 3 个关键点中重要性最低。"

（哦，这样啊……）

[①] 头脑风暴需要参与者无限制地自由联想和讨论，其目的在于帮助参与者产生新观念或激发创新思想。——译者注

"这就是我们的研究成果，汇报完毕。"

（热烈鼓掌）

我旁边坐着一位英国人（他的妻子是日本人），他略显失望地对我说："要是先问问我就好了。"是呀，这些孩子应该先询问有经验的人，而不是只在脑海中假设之后，就限定出 3 个关键点。先自己头脑风暴，然后做问卷调查，这就是她们的调研步骤。

但是，这些方法不都是日本的学校教给她们的吗？

高中阶段教授的解决问题的方法

为了提升年轻一代的信息技术教育，日本教育部门从 2003 年在高中阶段引入一门新的课程：信息课。同时，在初中阶段，"技术·家庭"课被打散重组为"技术·制造"和"信息·计算机"两门课。后者教授学生如何使用计算机。

后来，高中阶段的信息课在 2013 年被重组为"社会·信息"和"信息科学"两门课（学生在入学伊始，就必须选其中的一门作为必修课），而前者中有一个重要的课程内容就是，如何在信息时代中解决问题。

没错，现在的学生的确需要在信息课中学会解决问题的方法。但就像上节案例所显示的那样，他们只是学会了方法的"皮毛"。

- 问题在于目标与实际情况的差距。

- 如何解决问题？制定一个可行的解决方案，缩小这一
  差距。

- 可以使用 PDCA 循环或给问题排列优先级。

- 头脑风暴和 KJ 法[①] 对构思、策划解决方案十分有效。

但是，这些真的是未来年轻人应该具备的技能吗？

在信息时代，发现问题的能力尤为重要

即使在现实中目标不一定明确、问题有时会很模糊，一些教科书教给学生的仍是先从明确问题和制订计划出发，以此解决在信息时代遇到的问题。

这种思路对流水作业、需要把控质量的传统制造业是有用的。但对未来的企业和社会来说，比起解决问题，更重要的是发现问题。

为了发现问题，我们首先要收集相关的信息并加以分析，了解当前的情况后再设定目标。最后，你需要定义该问题属于哪一领域，并从该领域开始问题式搜索。做完这些步骤后，你或许才

---

① KJ 法，又称 A 型图解法，由日本学者川喜田二郎首先提出。该理论主张将未知问题的相关事实、意见或设想之类的语言文字资料收集起来，并利用其内在的关系做成归类合并图，以便从复杂的现象中整理出思路，抓住实质，找出问题的途径。——译者注

能进行彻底的现场观察，并设计试制品。

这种思路被称为设计思维，其具体的操作过程是反复观察，发现问题，定义问题，设计试制品，然后进行测试。有时间进行头脑风暴，不如多听听用户的意见……不是，是多观察用户！如果你想出一个问题的解决方案，不妨做一个试制品，自己先使用它，看看问题到底出在哪里。

这才是高效试错的方法，才是当下的年轻人应该学习的解决问题的方法。

一门信息课不可能解决所有问题

信息课老师只是依赖教科书教给学生如何解决问题的方法。但真正了解信息的其实是那些 IT 专业或数据分析专业出身的人，许多老师并没有接受过这方面的培训。他们站在黑板前，用马克笔和便利贴教授学生头脑风暴和 KJ 法，试图让学生利用这些方法分析问题，得出解决方案。

但是，未来社会需要的是能够发现并解决问题的人才（包括产品开发在内）。为了提高这一能力，学生不能只依赖于信息课的内容，其他科目，特别是社会类科目、理科，也不能太差。

在政治、地理与历史课中，学生可以了解社会问题有哪些及其解决途径是什么。

　　在理科课程[1]中，学生可以学习社会科学的主题、逻辑分析方法、调研方法等。

　　在数学课中，学生可以掌握现状与目标之间的差距的分析方法、统计方法等。

只要多花点心思，学生可以从各个学科中学会解决问题的方法。

日本教育部门终于下定决心启动改革。在 2010 年 1 月发布的《高中学习指导要领解说》中，之前的学科分科方法开始松动。在 2018 年发布的新版学习指导要领解说中，"理数研究"作为一门新课程进入教学体系。日本教育部门明确表示，加入这种横向学习的理科课程是为了培养学生的学习能力（发现问题和解决问题的能力）。

理科课程可以让孩子体会发现并解决问题的过程，文科课程（社会科学）可以让孩子明白当下社会的现状、问题、问题的原因及其解决方法。我们本该期待孩子在宝贵的学生时代即可锻炼这些能力，但遗憾的是，就算日本教育部门做出了以上改变，孩子仍然可能追不上这个日新月异的时代。但是，孩子正在无法避免地长大……

---

[1]　指物理、化学、生物、天文学等课程。

注重家庭教育

现在的年轻人觉得自己欠缺什么能力呢？某求职网站于 2017 年 7 月进行了一次针对职场新人的问卷调查。结果显示，有六成以上的年轻人表示现实生活过于残酷，具体原因为：有 82% 的年轻人表示自己缺乏专业技能，有 37% 的年轻人表示现在的工作内容太难，有 35% 的年轻人表示自己存在人际关系沟通问题，有 26% 的年轻人表示受不了老板或上司的批评。

对于缺乏专业技能这一项，在被调查的年轻人中有 35% 认为自己缺乏规划能力，有 27% 认为自己缺乏主观能动性，有 25% 认为自己没有掌控现状的能力，有 24% 认为自己没有执行力。总的来说，他们觉得自己缺乏独立思考和实践的能力。

NTT 旗下网站 goo 在 2008 年进行过一项调查，结果显示，当代青少年（十几岁左右的年轻人）存在的最大问题是缺乏决策力，其次是缺乏判断力。或许当他们面对高中或大学的升学等问题时，决策力上的短板将暴露无遗。而步入社会后，人生的选择越来越多、越发棘手，他们更会因为缺乏想象力和执行力而头疼不已。

要想提升思考能力，个人通过自身训练即可达到。但要想提高辩论能力，没有一个对手是不行的。并且这个对手的水平不能太低，最起码要和你的水平不分伯仲。同班同学之间的学习能力和水平相仿，这就是为什么学校是开展辩论赛的最佳场所。

对任何组织来说，拥有独立思考的能力、擅长辩论的人，其价值不容小觑。反过来看，这类人也有能力为自己创造收益。

但是，日本的教育模式并没有注重培养孩子的这些能力。学校允许学生自由讨论的时间，大多耗费在闲谈和争吵上，流行的职场教育也都是千篇一律的。所以对孩子决策力的培养、想象力和生存力的培养也都同样匮乏。

因此，家庭教育就变得尤为重要。父母可以在家中实施各种训练，让孩子不但能够解决某一问题，而且帮助他们学会发现并解决问题的高效试错方法。

综上所述，我们主要面临的环境可以总结为以下 3 个方面。

> 大环境：人工智能飞速发展，要求人们勇于发现新事物并大胆尝试。
>
> 孩子必须具备的能力：想象力、决策力和生存力。
>
> 父母的责任：主动出击，注重家庭教育的作用。

想必各位父母已经开始摩拳擦掌了吧？那么，我们应该怎样利用家庭教育提升孩子的这些必备能力呢？

在接下来的第 9 章中，我将为大家详细阐述提升孩子的这 3 种能力的方法。

第 **9** 章

如何培养孩子的
决策力、想象力
和生存力

想象力　　　　　　决策力　　　　　　生存力

第8章讲过，未来的年轻人必须具备高效试错能力，而想要拥有这种能力，离不开3种基础能力的支持：想象力、决策力和生存力。

接下来，我将为大家分别介绍这3种能力，以及父母应该如何培养孩子的这3种能力。

首先讨论最容易培养的，也是最重要的一项能力：决策力。

培养决策力的方法

村田制作所培养年轻人决策力的方法

未来社会需要的决策力到底是什么样的呢？首先让我们看看，日本的知名公司是如何培养员工的决策力的。

在电子零部件加工制作行业，村田制作所的最大优势在于领先的专利生产技术。它在技术开发方面持续投入大量的资源，生产出竞争对手难以模仿的化工产品，在世界电子生产领域占据领先地位。

是什么让村田制作所拥有如此成就的呢？答案是决策力，尤其是决策的速度！

村田制作所会把客户的不合理要求全部交给 30 岁以上的产品经理处理，而每款产品的生产计划都由公司的年轻人决定。仅在电子通信领域，拥有决定权的年轻人就已达 100 人。而这些年轻人手中的权力并不是"鸡毛"，而是真正的"令箭"。商品的规格、开发周期、量产时间到最终定价，全都由这些年轻人做出决策。

社长村田恒夫曾公开表示："我不会做出任何决策，只是最后负责批准而已。"产品经理们则表示："我们公司有一个原则，不管在怎样的谈判中，都不允许说'要不然回公司再讨论一下'之类的拖延说辞，必须当时就给出决断！"

为了建立这种即时决策的风气，村田制作所花了很长的时间，这也与过去十几年来客户自身的变化相适应。

随着智能手机的出现，村田制作所的主要客户已经从诺基亚、爱立信等倾向于建立长期愿景和技术发展地图的企业变为苹果和三星电子等即时决策型的企业。决策方式的改变成了一种趋势。正因为如此，一些自上而下做决策的公司面对这一变化或许会有些措手不及，而村田制作所这些一直鼓励员工即时决策型公司反而会异军突起。

村田制作所的这些年轻决策者不只是简单的决策者，更是培养了 10 多年的专业决策家，是公司的宝贵财富。

首先，村田制作所选择每个部门中比较活跃且具备良好沟通能力的年轻人作为候选人，在此后的 10 年间实行轮岗制度，让他们到产品开发、制造、策划等部门历练一番。最后根据个人表现，公司会任命合格的受训者为决策者。

了解公司内外的先进技术并具备语言和沟通技巧的人才绝不会在一朝一夕培养而成，在利基技术领域尤其如此。这样的人才想从其他行业直接挖过来，也不容易做到。所以一旦年轻决策者成了企业核心人物，竞争对手是无法轻易赶上的。

为了不剥夺孩子的决策力，你要提出建议而不是直接回答

大家都知道培养孩子决策力的重要性。然而不管在公司还是在家里，大家总是不约而同地剥夺了年轻一代和孩子的决定权。

日本的上司总习惯性地对年轻下属吼叫"报告、联络、商量"这类词汇。被这样大吼大叫的下属，绝对不可能成为独当一面的人才。先别说"报告"和"联络"这两个词，什么叫"商量"呢？当上司对下属说一定要商量着办时，这不等于在说下属绝对不能独自做决定吗？

孩子问父母问题，父母表面上给出建议，实际上直接给出答案。虽然我们说"如果你这样做，爸爸妈妈也不会反对"，但其实还是以自己的好恶明确地给孩子下了指令。

无论孩子有什么想法，都会得到家长明确的指导。时间长了，孩子会觉得自我思考是一件没用且麻烦的事情，因此他就会成为一个只能问"我该怎么做"的人。

对此父母会非常开心，自身也会努力学习并思考，只为能给出孩子提出更好的建议："如果这么做，不是很好吗？"

与此同时，父母却很自然地向老师和朋友抱怨："我的孩子真是优柔寡断，什么事情都要我替他做决定！"

注意，面对孩子的提问，父母不应该直接给出答案，而是应该教给他们思维方式和找到答案的方法。父母应该让孩子知道如何自己做出决定，并且有责任监督孩子是否正确地执行了这一过程。

从众多选项中选择最终的决策

什么叫决策？无非是把所有可能的选项列举出来，然后在其中摘出一个。

不管选择补习的科目，还是犹豫升入哪些学校，我们首先必须有可供选择的选项，否则一切无从谈起。

为了筛选出有价值的选项，这里有两个方法：一是理论性（逻辑性）的思考方法；二是想象性（水平、思考推理）的思考方法。前者适用于思维较为缜密、几乎没有漏洞的人，后者适用于思维跳跃的人。不管哪种方法都有其长处，但孩子没必要为了成为哪类人刻意采用哪种方法，为了收集备选方案，只要做好调查就够了。

收集备选方案最常用的方法是上网搜索。但如果输入关键词后，显示出 1 万条结果，这可怎么办呢？不如一边浏览前几十条结果，一边考虑哪些是对自己有意义的选项。

假如中学生选补习班，那必须从自己需要补习的课程范围内筛选。

但在我家附近几公里内，各类培训机构超过 100 家！英语专项班、综合学习班、一对一辅导班……

不行，我要改变筛选方法。先去问问那些有经验的朋友如何？听听他们的实际体验和评价，然后再确定选项范围吧。

最后，从这些选项中确定选哪一个，就可以了！

为了锁定选项，无须复杂的逻辑思考，只做要点思考即可

有一句格言叫"战略就是舍弃"，做决定也是同样的道理。所谓决定，就是从众多选项中选出重要的东西，换句话说，就是把不必要的东西舍弃掉。

所以，我们应该树立做决定（即不断取舍）的观念，然后不断地评判可供自己选择的选项。这不就是在锻炼决策力吗？

这一过程其实就已应用了理论性思考（逻辑性思考）。当我们把目光集中到最重要的事情上时，则是在做所谓的要点思考。

> 决策单元：锁定目标和对象。
>
> 重点：决策单元中最重要的事。
>
> 差别：找出事物之间的差异。

以选择补习班为例，决策单元就是补习班本身。但不要忘记孩子最初去补习班的目的。如果是为了提高在及格线附近徘徊的数学分数，那么本次的目标可以明确为：为了提高数学分数，挑选补习班。

所以重点也变得很明确，同样是提高数学成绩。

那么接下来分析什么才是最重要的。如果是不理解数学学科中的基础问题，那么孩子在挑选时应该把重点放在哪家补习班更能夯实数学基础上；如果是在大段的应用题中抓不到解题关键，

那么孩子就应该把重点放在哪家补习班能够快速提升对题目的理解能力上。

如果备选的补习班都能够切合自己的实际需要，那么它们之间就形成了竞争关系。孩子就要好好调查一番再做出决定。

通过以上 3 点的筛选，选项的范围就被大大缩小了。

| 想上补习班，先拿出一份调查报告来

在我们家，但凡遇到需要做决策的事情，女儿们都要经历提供众多选项，然后逐步筛选的过程。在选择补习班时，我也让女儿们这么做。

在上初三那年的春天，大女儿一反常态，一脸愁闷地和她的妈妈说："糟了，我的数学跟不上了。"

其实，在初一、初二时，她就已经跟不上了，但勉强还能应付过去。但初三面临升学考试，她在复习数学时，终于发现问题的严重性。

于是，之前一直努力自学的大女儿终于决定报个补习班。

我们对她说："你既然已经努力自学过，还是不行，报个补习班也是合理的要求。但你要自己做调查，弄明白两个问题。第一，自己为什么报补习班，哪家补习班更符合你的需要？第二，报补习班每月要花多少钱，直到考试结束总花费是多少？"

在之后的一个星期，大女儿为了做成这份报告，采访了自己的几个朋友（这确实是首选的调查方法），还实地考察了几个补

习班。最后，她在报告书中这样分析道："乙补习班不错，因为该补习班的老师同时开日语、数学、英语 3 门课程，每月的费用是 × × 元……"

这些分析听起来还不错吧？我当时也觉得挺合理，于是同意了。但从夏天开始，大女儿突然觉得理科和社会课程也需要补习……

直到几个月后的 10 月底，大女儿又来找我们商量，说自己想换一个补习班。

她说："乙补习班现在进入尖子生的训练模式，难题多，基础问题少。而且老师们主要解答那些排名靠前的学生的疑惑，对我的疑惑则无暇理会。我的疑惑没法得到解决，对我来说，这样的补习班没有意义。"

她最后提出要报一个一对一辅导班，认为这种班虽然比较贵，但效果会更好。于是我又对她提出同样的要求：一对一辅导班好在哪里，先自己做调查，然后给出一份报告。

大女儿这次做测评的方法非常独特，她直接去了几个被列入考虑范围的补习班，用同一个问题向老师们提问。

在这几家补习班中，只有丙补习班的老师（他是一名做兼职的学生）非常仔细地解答了她的疑惑，所以她决定选择这家补习班。

根据大女儿自己的判断，在这几家补习班中，如果想全面加强日语、数学、英语 3 科的知识，可以选择乙补习班；如果想提升理科和社会课程两科的成绩，那么应该选择丙补习班。

　　因为大女儿要补习的科目多半被转移到一对一辅导班，所以每月的补习费多了约 2 万日元。虽然只有 11 月和 12 月两个月，但我们认为不能就这样支付了事，而是对大女儿说："多出的补习钱，你自己要承担一半。"

　　不过，即使每月的零花钱被扣光，她也付不起，所以我们将从她第二年的压岁钱中扣除该款项。

　　这不是我们刻薄，而是我们知道：如果想让孩子真正有所学习，那么就要让他们意识到自己做出的决策是有成本的。这样的锻炼才有效，不是吗？

金额限制培养思考力和决策力，看看 3 个孩子怎么分 500 日元吧

　　对培养决策力来说，设限是很重要的锻炼，正因为受限，决策力反而会得到更快的提高。对孩子的时间控制，可体现在门禁（最晚回家时间）上。我们也会控制孩子的睡觉时间、看电视时间、玩游戏时间。对孩子金钱的控制体现在每月的零花钱不可能孩子想要多少我们就给多少。

　　有调查显示，较高年级（四至六年级）的小学生的零花钱平均是 1000 日元左右。当然，还有压岁钱和爷爷奶奶给的临时奖励（这些可达零花钱的 3 倍以上）。除此之外，孩子缠着要的东西，父母基本都会满足。因此，孩子常常不会顾及什么两者不可兼得，更不想什么是最重要东西，因为想要的东西都能得到。

如果零花钱比较少呢？那会完全不一样！"假如我的家人不怎么给我零花钱，我该怎么分配自己为数不多的零花钱呢？"

这么一想，自然而然就会分出优先级，开始思考什么才是最重要的事情。

在我家，孩子的零花钱额度是被严格控制的。小学三年级前基本不给，从小学四年级开始每月 400 日元，小学六年级后每月 600 日元，初一开始每月 1000 日元，高一开始每月 3000 日元。

有一次，我家附近正在举办庙会，女儿们来到书房对我说："爸爸，给我们点零花钱吧！"那时大女儿正上小学四年级，我也没有想太多，就随手给了她们一个 500 日元的硬币。

"3 人 500 日元，好好花，不能吵架啊。"

但是，500 是 3 无法除开的数字，她们三姐妹该怎么分呢？大女儿 200 日元，二女儿 200 日元，三女儿 100 日元？还是每个人 166 日元，最后多出 2 日元？

而她们的答案是，三个人每人 100 日元，然后一起使用剩下的 200 日元。

当时，她们还分别在上小学或幼儿园，开始认真地到各个零售摊贩或店铺转了一圈，调查一下它们都卖些什么，然后判断自己最想要什么，需要花多少钱才能买到。

调查之后，3 个孩子决定分别先花掉属于自己的 100 日元，买自己最想要的东西。因为这部分钱的使用完全不用考虑别人，可任由自己支配。

剩下的 200 日元，大家可以一起使用。这笔款项很大，可以买稍微贵点的东西。她们商量了一下，列出 3 个人可以一起玩的东西都有哪些，最后按照优先级选出最重要的东西。

创意都是被限制逼出来的。热带雨林中的水果多得吃不完，所以猴子永远是猴子。而对人类来说，生存空间、食物都是有限的。为了谋得生存，人类不得不展开竞争，所以才进化成今天的样子。小孩的成长过程（成年人的个人发展）也遵循同样的道理。如果零花钱足够充裕，他们怎么会想到勤俭节约、认真选择呢？

认真倾听，培养沟通力和决策力

想要拥有决策力，良好的人际沟通能力是不可或缺的。想要达成团队中的共同决定，你需要和团队成员好好商量才行。但现状是，大多数父母并不能做到平心静气地和孩子交流，孩子也会认为父母是光说不听的人。

当然，在大多数情况下，父母愿意倾听孩子，而孩子在小学三年级之前也非常愿意和父母说话。但这并不代表亲子之间的沟通是顺畅的，其中也会有很多不满。孩子会认为，父母总喜欢中途打断他们，总是不爱听到最后；他们说的都被当作耳旁风，父母根本就没有站在他们的角度上思考。

特别是在父母向孩子传达想法时，很容易变成单方面的发令。可是不管你想传达的内容有多么清晰（符合 5W1H 原则），一定不能忘了前提，否则会让亲子沟通变得糟糕。很多时候，父母会不由自主地说"赶紧给我做作业",而孩子的回答是"今天根本没有作业"。

这样一来,孩子会立刻察觉到自己说的话(或者对父母的回应),父母根本就没有听进去。然后,他们就只听不说,以致对他们来说,父母说什么都已无足轻重。

沟通是从倾听开始的。作为父母,每次和孩子交谈都不要忘记确认他们要和你说话的原因或主题。当你能够认真地听取孩子的意见和想法时,孩子察觉到你的诚意,也会自然地进入毫无保留的倾诉模式。

大多数孩子都非常喜欢说话,但对孩子来说(实际上,对大人来说也一样),聊天并不是一件容易的事情。每次对话都像一场随时变更攻守方的足球赛,每分钟都是剑拔弩张的。前一秒你认为自己是攻方(说话者),但赛场上峰回路转、变幻莫测,下一秒你就有可能成了守方(听话者)。

正因为如此,聊天虽然是一件开心的事,但为了不让对方"有机可乘",双方都会不自觉地逐渐加快语速。结果就是我们都不太愿意倾听对方说了什么,只在意自己想说什么。到最后,聊天变成了"舌战"。

为了改变这种情况,我们可以尝试一场"1分钟演讲赛"。

敢于成为少数派

为了提高孩子的决策力,在家里反复认真地练习是必不可少的。其实决策的主题并没有限制，但前提是孩子要有做出决策的自我意愿。

如果本人没有意愿，别人再怎么从旁协助也无济于事。你要知道，为了做出决策而进行的前期调查其实是一件挺麻烦的事情。这就是为什么很多人会觉得，自己做决定甚为恐怖。

"哦，那就这样吧。"这句话说出口很简单，但你会因此慢慢沦为沉默的大多数。而那些意识到选择 A 就要放弃 B 的人，才是拥有决策意识的少数派。

想要拥有强大的决策力，就要具备敢于成为少数派的觉悟。

那么，父母就要经常培养孩子独立思考的能力，让孩子自己做出决定，并且全力支持他们的决定，成为孩子强大的后援团。

想象力的守护法则

无印良品在开发新商品时，从照片中的"发现"开始

在想象力、决策力和生存力中，我们接下来将要探讨想象力。首先，让我们看看知名的无印良品是怎么做的吧。

在良品计划旗下的无印良品，不管开发什么样的新产品，都是在产品部的采购人员与设计部、品控部的员工共同联动下完成的。在决定产品开发的主题后，设计部会为采购人员提供数千张

照片作为参考，其中包括：所有类似产品／竞争品的照片；长期畅销产品的照片；数百位用户在家中的使用场景照片。

无印良品曾想开发以储藏箱（可以做收纳箱用的长椅子）为起点的创新收纳项目，并为此收集了很多照片，目的是让很多家庭拥有既可以当椅子又可以用来收纳东西的家具。但是后来，这个项目衍生出无印良品史上最畅销的壁挂家具系列[①]，原因何在呢？

原来，很多潜在用户在调查问卷中反馈了潜在想法的信息：真的很想使用收纳箱，但家里根本就没有地方放！

不用和用户本人对话，光是从他们在问卷调查中的语气就能体会到这种无奈。后来，采购人员收集了很多用户的家庭实景照片，他们观看后发现，许多家庭真的没有地方放置收纳箱。

不！还有一个地方没有被占据，那就是墙壁！这里的面积可比地板大多了，不能让它们就这么白白地空着，我们不仅要在墙上摆架子，还要放置各种家具。

上部附有凹槽的横木式家具系列，其灵感就来自日本传统和室（或和式房间）中的装饰用横木。从很多用户家里的照片来看，横木也确实被用来作为收纳空间，横木上的衣架可用来挂西服，挂钩上还可以放置小东西。

在产品开发的最初阶段，员工们并没有限制长方形家具的特定用途（比如专门收纳 CD 之类的），而是带着其能够多场景使

---

① 包括长押形、箱子形、架子形、镜子等壁挂家具。

用的目的设计产品。

他们并没有带着"用户到底想要什么样的收纳家具"这样的疑问，而是带着"用户是怎么收纳物品的"的想法开发新产品。对用户来说，哪些家具是不实用的？研发人员细心观察用户，从中获得灵感，进而开发出用户真正需要的产品。

很早以前，施乐公司和宝洁公司就发现了强化组织的发现力和创造力的秘籍，那就是雇用擅长观察、具备一定方法论的文化人类学者，让他们通过深入调查少数用户寻找创新和进步的创意。

为了实现飞跃性的创新，培养敏锐的发现力是一个重要的起点。那么我们应该怎样锻炼发现力，从而进一步提升想象力呢？

我们拥有众多游乐场，但没有沙坑和攀登架

家庭是孩子开发想象力的起点。

孩子本来就充满创造性。但在学校和家庭的生活中，他们的创造力却被日渐剥夺。我们并没为他们提供可以发挥想象力和创造力的锻炼场所。

比如，沙坑和攀登架是让孩子拥有高度自由性的游乐场的标配，但最近看来，这两样东西的数量在减少。[①]

流沙没有固定的形状，孩子在玩耍时无须事先制定某种游戏

---

① 自 2004 年后的 10 年间，日本的公园中减少了 2452 个攀登架、2738 个沙坑。

规则。正因为如此，它带来的"自由度"才高，孩子可以凭借想象为自己构建各种各样的流沙造型。

攀登架也是同样的道理。因为它的外形简单，孩子不用顾虑太多就可以爬上去玩，所以"自由度"也非常高。孩子既可以把它当作城堡，也可以把它当作迷宫。

但这些自由度很高的儿童娱乐设施正在渐渐消失。

沙坑的减少是由于很多养宠物的人素质欠佳。爱宠的粪便或尿液经常会污染沙坑，许多机构已经呼吁宠物主人注意素质，但情况依然糟糕。若是给沙坑盖上盖子或用栅栏围起来，成本又有点高，所以许多公园索性取消了沙坑。

"攀登架实在太危险了！"对（少数）家长的呼声，学校或公园管理方也无法置之不理，所以这些具有潜在危险的设施正在被逐渐拆除。最后，孩子生活在一个不知危险为何物的安全温室中。

即使这些设施并未减少，又有多少孩子会真正地使用它们呢？他们大部分的时间用来拼命学习、应对考试，甚至连抬起头来仰望星空的时间都没有，遑论其他。我们不能怪孩子越来越没有创造力，他们也有自己的苦衷。

是谁造成了这种结果呢？不正是父母吗？父母为孩子提供了无微不至的保护，但凡孩子做点什么，父母都会忧心忡忡，追在他们后面，生怕出事。让孩子只在设定的范围内玩耍，忙于参加各种学习班怎么可能开发他们的创造和想象力呢？如果真的很在意孩子的想象力，父母必须改变自己。

从众心理限制孩子的想象力

一直以来，人们认为想象力由 3 个要素构成：知识储备丰富；有整合知识的方法；有不断增加整合知识的方法。

说到知识储备丰富这一点，互联网足以成为我们的知识宝库。关键是我们要拥有从海量信息中发现富有价值的信息的能力，即筛选能力。

但光有这些远远不够，重要的高效试错能力和丰富的想象力都不会因这种能力被开发出来。主动挑战新事物是每个人必须具备的能力。如果一个人总是被动地执行别人给安排的工作，其想象力的马达永远不可能启动。

知识和自控力的确是社会生存的必备技能，甚至可以说是区分成年人和孩子的分水岭。但是，总是萧规曹随，做一些别人吩咐的事，时间长了，孩子的心灵将逐渐固化。

大胆表扬孩子的"异常举动"

如何防止孩子的心灵固化呢？父母应该注意培养孩子挑战新事物的意愿。首先，在孩子与他人不同时，父母应给予赞扬。比如，孩子挑选了和其他颜色不一样的书包这种小事，也是值得赞扬的。"你选的这个颜色可真好啊，太漂亮了！"

孩子偶尔会拥有与别人不同的想法，偶尔会做出异于常人的举动，我们在这时要表示认同。只要孩子没有做坏事，那就好好表扬一下他们吧。"你的想法（或做法）很有趣，真棒呀！"

如果孩子突然一边唱起古怪的歌、一边跑步，怎么办？当然，作为父母，你应该跟在后面！哪场演出不需要追随者呢？

如果孩子的脚步声吵到邻居，怎么办？不要如临大敌，只需要告诉孩子动作轻一点，然后跟着他一起边走边唱吧。

对现在的日本人来说，和大家不一样是一件令人不安的事。但这是先天遗传的心态吗？并不是！是后天培养出来的。

我们要努力逆转这种心态，要让自己觉得和周围的人一样才是一件令人不安的事。这样，我们想象力的马达才会被启动。

如果所有人都只会说"好、好、好"和"是、是、是"，那么创新便无从谈起。我们更不能指望所有人对未来的认知和预见相同，否则就没有新奇性和独创性可言，也就没有创新的可能性。

打破内在壁垒，你需要拥有界限突破的经历

规则和常识就像一面墙，把人类和创意隔离开来。"不可能""做不到"等内在壁垒会让人们在靠近创新果实之前就立刻停止思考和行动。

从小事开始，让孩子积累界限突破的经历吧。"啊，我超越了自己的极限！"父母一定要让孩子切身体会到这样的快乐和惊喜，甚至可以先试试突破分贝的界限，来一场声音对抗赛！大家一起大喊，用声级计测量一下谁的分贝高！想想都挺兴奋的吧？

"预备，起！""哇——"让孩子亲身体验"超越极限"带来的惊喜和快感。

我曾担任某小学家长会的会长，组织过全校学生一起进行一场声音对抗赛。距离噪声检测仪较近的二年级组胜出[①]，成绩是83 分贝。

但这些都是练习。我们想以 110 分贝为目标，这是普通喷气式飞机发动时的分贝。

后来大家挑战了一次，每个人都发出最响的声音，但最后测出来是 105 分贝。嗯，还是有点可惜呀，就差了一点儿。

最后一回，我鼓励学生们无论如何都要尽力大喊。孩子看着我，一起发出声音："哇——"

第三次的测量结果是 111 分贝！大家完美地突破了自己的界限。这就是一个界限突破的瞬间！对大家来说，同一件事（而且是看起来很难的事）连续做 3 次的经历很少吧？一般做 1 次就放弃了。

但正因为如此，我才十分看重刻意的重复。一般到第三次时，刷新纪录的概率是相当大的。那么挑战什么事情的界限比较好？真的什么都无所谓，只要最后是让自己骄傲的事情就可以。

如果 3 次达不到突破界限的效果，那就做 3×3 次，也就是9 次，这样的实验我也做过。但因为次数接近 10 倍，你要做好

---

① 最初我为了公平起见，把年龄较小的一年级和二年级放在中间，五年级和六年级放在两边，这对后者是有些不利的。

时间和精力消耗的准备。

物理学中有一句名言，"量变促成质变。"如果按照字面意思理解，那么我们只要一次又一次地努力，最终必能实现突破。不要贪多，从简单事情开始尝试，让我们至少先有一次界限突破的经历吧！

这时有个秘诀不能忘记：只要快乐地去做，整个过程就会开心。

痛苦的事情谁也坚持不下去，边玩边学才是上策。而且我们的信念是"事情"总会突破极限，所以在实验过程中，快乐、坚持最重要。总之，突破自我时一定要快乐！

委托孩子的方法：举办一场预算为 3000 日元的生日会

如何让孩子拥有"快乐的想象力"呢？推荐大家一个好方法：举办家庭聚会。

例如，让孩子计划家庭旅行，家长只负责决定预算和日期，其余的计划和预约工作都交给孩子做。二女儿在小学五年级时，三女儿则在小学六年级时就承担了这一任务。

其实此类形式还有很多，比如让孩子策划生日派对。

执行任务的孩子：10 岁和 4 岁的女儿。

任务：以 3000 日元的预算为妈妈举办生日会。

老实说，把任务交给她们，我心里也没底。3000 日元能否足够完成生日会，能否让妻子满意呢？但女儿们最后的花费竟然是 2500 日元，还退给了我 500 日元。

孩子们制订的计划如下：

礼物：可以在阳台种植容易结出果实的植物种子。为了达到最低预算，她们在百元商店买了番茄种子。

感恩仪式：准备发光的彩色纸屑和枕头堆起来的表彰台，邀请爸爸在妈妈登场接受感谢时唱歌。

食物：果汁、熏制奶酪、蛋糕（都是孩子们自己喜欢吃的东西）。

但在做晚饭时，虽然我会帮忙，但主厨主要还是孩子的妈妈。

我能体会到，孩子们为了让妈妈开心真的是绞尽脑汁。虽然花费不到 3000 日元，但我们度过了一个无比开心的生日会。

如果你觉得设限会削弱人们的想象力，那绝对是个错误的想法。正因为有限制①，很多令人意外的创意才会产生。如果你觉得孩子或自己的想象力和创新力正在日益衰弱，不如尝试着给自己施加各种限制吧？

---

① 这里的限制指的是完成某事的全部预算。如果对具体的细节给出限制，那就成了指示。在这种情况下，执行人的想象力也不会被激发出来。

如果有时间，多给他们提供有限制的场景吧，由他们自己考虑、计划，甚至游戏！

快乐的"做家务"也可以激发想象力

想象力的源泉是快乐。正因为快乐，孩子才会冒出各种奇思妙想。如果孩子对家庭（父母）充满期待，那么整个家庭的氛围都是快乐和谐的。

倍乐生教育综合研究所于 2002 年发起了一项调查，旨在了解何为小学二至四年级孩子心目中的理想家庭。其中，排名第 1 位的就是家人能够一起快乐地生活的家庭，而"拥有很多钱的家庭"这一选项在二至四年级的小学生心目中连前三名都没有进入。

在激发孩子的想象力上，虽然对孩子来说，做家务是一种"限制"，但有助于构建"快乐家庭"，也算是"一石二鸟"吧。

在美国，DIY 产业 [1] 非常繁荣（约有 25 亿日元的产业），据说是因为大多数父母都希望能和孩子共同做一些工作。虽然修理或改造房子是大人们应该承担的工作，但有时孩子也可以帮忙。

做饭也是亲子可以共同完成的家务之一，这也是人人都需要掌握的技能，更是父母能够充分发挥才能的领域。

父母就在和孩子的共同劳动中一起享受、一起感动吧！

---

[1] DIY 是"Do It Yourself"的英文缩写，即倡导人们自己动手制作。许多 DIY 产业都与亲子共同活动有关，目的是在父母与孩子共同制作某物时增进亲子关系。——译者注

如何让孩子成为想象达人

前面说过，想要拥有强大的决策力，就要具备敢于成为少数派的觉悟。想要拥有丰富的想象力，同样如此。只是若在 10 个人中，你成为那 3 个与众不同的人之一，即可算作拥有强大的执行力，而拥有想象力就必须要求你是 10 个人中唯一不同的人。

其他 9 个人都已经说过，你再重复一遍，这算不上想象力。想象力需要你想到并说出其他 9 个人都没有说出的，即你要拥有成为少数派中的少数派的觉悟。

不，"觉悟"这个词显得过于沉重，这明明是一种乐趣！谁都会因为可以说出谁也没说过的观点而感到开心。如果没有这种感觉，估计创意的想法也不可能在这个人的头脑中冒出来。

正因为如此，我才建议父母一定要在孩子做出与众不同的举动时，及时地给予赞扬："你做得真好！你的想法很有趣！"

生存力的培养方法

过度保护与过度干涉会扼杀孩子的热情和能力

如果没有生存力，那么孩子的未来将无从谈起。不要以为生存力仅和天性有关，父母给孩子的后天影响亦不容小觑。

临床心理学家西蒙斯博士把父母的教育态度分成 4 类，如图

9-1 所示。横轴代表教育目的，即保护或拒绝；纵轴代表教育方法，即支配或服从。在 4 个象限中，处于极端的教育态度分别是虐待、忽视、过度干涉和过度保护。

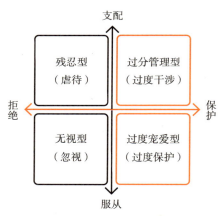

图 9-1　父母的教育态度类型图

　　虐待和忽视当然是非常严峻的家庭教育问题，不过考虑到本书的主旨，我在这里不对其做过多展开讲述。我们将重点讨论过度保护和过度干涉。

　　无论过度保护还是过度干涉，父母的初衷都是想要保护孩子，只是做过头了而已。过度保护是父母的极端服从，无论孩子提出什么要求，他们都会满足；过度干涉是父母的极端支配，孩子必须遵循父母的命令，不能偏离毫分。无论处于哪个极端，父母都剥夺了让孩子自己面对真实情况的权利，禁止他们自己动脑思考。

父母通常会认为，"孩子太小，什么都不懂，所以我必须好好保护他们"。其实这种心态会在无意中毁掉孩子的未来。有调查显示，很多青少年犯罪者曾有过被家长过度保护或过度干涉的经历。

根据日本有关部门的调查，很多青少年犯罪者的父母都属于放任自流的一派，但这类父母的比重在逐年下降，在 20 世纪 80 年代约占七成，在 90 年代后期只占到四成。

从 20 世纪 90 年代开始，过度保护型的父母逐渐占据上风。不久后，太过严厉、过度干涉等也成了青少年犯罪者的父母的标签。

如果问问孩子，你也会得到同样的答案。2005 年的一次调查显示，超过 44% 的青少年犯罪者认为自己的父母太过严格、过度干涉自己的生活；而认为自己的父母太过放任、不管自己的青少年犯罪者只有 26%。

然而，我们在民众中调查青少年犯罪者的原生家庭存在什么问题时，超过半数的受访者认为是父母太过娇惯孩子（过度保护），还有四成的受访者认为是父母的惩罚教育不足。

也许很多父母在回答这个问题时，会不由自主地联想到自己的教育方式，从而感到不安吧？"若是父母过度保护，孩子一定不会成为有出息的人"……

孩子犯罪不全是父母的错。如果孩子出了什么事都要怪罪父母，那养育孩子这么艰辛的事估计再也没有人敢做了。所以，真相到底是怎样的呢？

很大一部分原因是，很多父母陷入自我悖论之中：好好教育孩子的责任感很强烈→对孩子过度保护或过度干涉→剥夺孩子的多项能力→孩子无法独立生活→感到自己失职，自罪自责……

由于父母的过度保护和过度干涉，孩子被剥夺的能力越来越多：自我判断力、主观能动性、想象力、积极性、人际沟通能力等。在这些能力中，主观能动性和积极性可以说是生存力的基石。

父母该有的觉悟：我们的作用是支持而非帮助

所谓过度干涉，其实就是给孩子过多的帮助，这属于"帮助过剩"。比如，孩子向父母征询意见，很多父母会直接给出明确的指示。

大多数人都是从自己的经验中学习知识、增长见识的。书籍是经验的模拟。但最好的学习并不是被强制灌输的，必须是孩子自主选择的结果。

如果是孩子自己决定的事情，其结果是成功，会增加他们的自信心；其结果是失败，也会促使他们积极反省。但如果是父母（还有老师或补习班）替他们做出的决定，并且最终的结果是失败，那么，责任就在父母，最后是父母在反省自己的过失。

所以一定要注意，父母的作用是支持而非帮助。不要直接替孩子完成他们该完成的工作，而是教给他们做事情的方法。

例一：孩子爱睡懒觉，上学总迟到。

帮助：父母叫孩子起床。

支持：教给孩子设定闹钟的方法，在前一天晚上催促孩子早点睡觉。

例二：孩子总是背不下九九乘法表的第四段。

帮助：强迫孩子必须背住。

支持：为什么记不住呢？我们用歌曲把这段唱出来怎么样？

如果父母想要做好支持者的角色，就要做好接受失败的心理准备。比如在例一中，你一定要做到就算孩子睡过头也不会去叫醒他，让孩子自己承担这种后果；而在例二中，即使孩子用唱歌的方法还是背不下来，你也没有必要自责。

当然，为了鼓励孩子，让他们更加努力，即使他们做出很小的尝试，父母也要给出高度的赞扬。

内在积极性会在委托和表扬中萌发

想要改变孩子的思维方式，提高他们的执行力，强迫是没用的，父母必须让孩子拥有自觉自发的干劲①。那么，这个干劲是怎样产生的呢？

---

① 心理学上也称它为"内在动因"。与此相对，来自外界的期待、赞赏、奖励、指责等被称为"外部动因"。

若从自身的角度出发，认真思考一下，答案很简单：自主决定感（自己可以做出决定）；掌控感（自己可以想办法落实某事）；人际交流（可以接收来自他人的重要信息）。

当这三者同时具备时，你也就有了干劲。

想要激发孩子的干劲，父母必须放心地把任务委托给孩子，并及时表扬他们。类似于立即执行的指示语"现在马上做"，或者指导性的建议语"这样做比较好"，父母应该极力避免。允许孩子失败，然后给予支持，这才是父母的职责。

委托给孩子怎样的任务，又该如何委托

说到底，自主决定感就是一种感觉。虽然有些事情实质上是父母做出的决定，但如果孩子发自内心地认同，觉得自己也会做出同样的决定，那也不会限制孩子决策力的提升。不过要当心一件事，如果已经决定下来的事情被父母擅自改变，最终被孩子发现，那可就糟了。

交给孩子一些不那么容易完成（当然也不能难到干脆做不了）的任务吧！ 2岁的孩子可以收拾碗筷，5岁的孩子可以刷洗浴缸，小学一年级的孩子可以淘米，到了四年级，基本上什么家务活都可以委托给孩子。

好好设定时间、范围，清楚地告知孩子做某事的方法，剩下的都交给孩子自行处理，这就是委托的规则。

家长绝对不要在事后自己推翻规则！"我也没说让你做这

个啊……"这样的话绝对不要说，否则，孩子会说"那我就不做了"。

不管成人还是孩子，激发出干劲的方法是一样的。布置一项稍微有难度的任务，规则明确、不要随意改动，然后允许他们自行发挥，这些委托法则放之四海而皆准。

然后，父母还有一个责任，那就是承担可能出现的失败结果。

让孩子树立"好想赶快长大、离开父母"的想法

孩子应该是最想远离父母支配的人，尾崎丰有句这样的歌词："从支配中毕业吧。"[①]

某项调查表明，在被调查的初三学生中，有两成明确持有"早点离开父母，独立生活"这一看法；有三成表示认同，只是没有表示非此不可，这些加起来也只是刚过半的比例。如果只问女生，持上面两种回答的人加起来只有 46%。

另外，对尽可能遵从父母的意见这一看法，表示明确赞同的孩子占 9%；认同此观点，但并没有表示非此不可的占 39%。所以，近五成的初三学生认为应该服从父母的安排。

无论从精神还是从物质层面出发，现在的孩子有多半不能离

[①] 尾崎丰，日本知名歌手，其歌曲中常常表达对美好童真生活的向往，其本人也被称为 10 ~ 19 岁青少年的代言人。本句歌词出自尾崎丰《卒业》一歌。——译者注

开父母，独立生活。

这种情况当然与父母本人有关。因为在赞同"早点离开父母，独立生活"的孩子中，有七成认为自己可以独立生活。所以，父母应该怎样培养孩子的独立能力呢？

在我家，大人和孩子的待遇有天壤之别。孩子在看电视、回家时间、家务活等各个方面均会受到限制，大人们却完全不会。就连看电视，频道的选择权也牢牢地把握在大人的手里。

要是觉得不甘心，那就赶快长大啊。自己挣钱，自己独立生活，想要看电视、熬夜，谁也管不了你。

是的，就是这么简单。要让孩子意识到，如果不长大、不独立，生活会受到很多限制，人将是不自由的。

想让孩子独立，父母首先要人格独立

当向父母询问他们是否希望孩子早日独立，离开自己身边，某调查得出的结论是，表示赞同的父母仅占全体受访者的 7%，表示不赞同的父母占 23%，既不赞同又赞同的父母占 38%，合计为六成。

或许，很多父母根本就不想让孩子独立生活。

原因在于，在养育孩子之初，他们就认为自己的人生有某种缺憾，希望孩子可以填补。

人生怎么可能十全十美呢？谁没有遗憾呢？生而为人就等于不完美。但我们不能用孩子解决这一问题，自己的问题只有自己可以解决，不是吗？

　　把孩子培养成一个真正的成年人、让孩子成为可以独立生活的人，首先父母自身要长大，让自己成为一个独立的社会人，这样才能做好放手让孩子自立的准备。并且，孩子在独立生活之后，一定会发自内心地尊敬自己的父母。

　　孩子总有一天会意识到，自己的父母也是不完美的。但如果父母自己也承认这一点，能够带着不完美努力地生活，并且做到最好，对孩子来说，这种心态是最强大的榜样和鼓励。

　　所以想让孩子独立，父母首先要人格独立，放下父母的身份，把自己当成"成人"，我相信这才是培养孩子生存力的前提。

真实案例 17　父母最大的支持，是促成孩子根据自己的经验做决定

>>>>>>>>>>>>>>>>>>>>>>

——来自二女儿

｜ 爸爸给我写过一封信

　　听说，父母的作用分为帮助和支持两种。

　　帮助就是孩子遇到做不到的事，父母全部代为完成；而支持就是尽量让孩子完成自己能做到的事，如果不能完成，那么父母要教会孩子完成的方法，目的还是让孩子能够自己完成。这么说来，我的爸爸属于支持型。

我们姐妹 3 人经常会给家人写信，尤其在谁过生日时，还有在母亲节、父亲节等节日时，但我从爸爸那里只得到过两次回信[①]。第一次是大学入学考试时，第二次是大学毕业后即将动身去留学之前。信中的内容我就不赘述了，都是简短的碎片式语言。若提炼出来，一句话就够了："爸爸永远是你的朋友。"

读到这些话时，我毫不怀疑爸爸的确和我站在一起，理解我，支持我。我这么说并不是因为爸爸在信上是这样写的，而是因为爸爸一直尊重我们姐妹自己做出的决定。

从小到大，每次我们决定做某事时，爸爸一般只会回答一句"那好啊，加油"。

但之后我们会详细地说明将怎样做，爸爸总是安静地听。也就是说，在我们说完之前，他从来不会打断我们。当然，听完以后，他也会问："有没有考虑别的方法呢？你的理由是什么？"有时，我们会因考虑不周而答不上来。

这时，我们会觉得好麻烦，但也会暗自下定决心："下次一定要让你接受我的观点！"为此，我们姐妹会一起商量，思考各种对策，深入地理清自己的思路。

为了落实我们的决定，我们会不遗余力地争取各种支持。比如，我们会请求妈妈站在我们这边，给我们加油打气。

---

① 顺便说一下，大女儿一次也没有收到我的回信。

要想有所长进，不经历失败是不行的

高考之前，我经常在大街小巷听到各种复习备考的信息，比如每天至少要学习 10 小时、报考的学校要多一些。这些乱七八糟的消息令人厌烦。我没有参加学校的补课，连补习班都没报，一直坚持独立自学。

我的自学方式是每天早上 4 点钟起床，在客厅的餐桌下和沙发上学习。有时，我会一整天都在看漫画。现在想想，当时我的父母一定会想问我在干什么，毕竟他们会担心我的复习效果。

但是，他们什么都没说。

他们一直默默地守护着我的个性化备考方式，这一点到今天我还是深表感谢。

很多父母不想让孩子失败，会教给他们很多东西。但我的父母却认为，只有亲身经历过才能有所长进。我很庆幸，在上大学之前就已经明白必须通过自身经验才能终身成长。

感谢这种支持。

父亲的评论

对你们的学习和考试，我没有帮什么忙。[①] 但正如二女儿未来所说的，我总是尽力不直接替你们说出答案，而只关心过程。至于最后如何，都是你们自己努力的结果。你们三姐妹准备高考时各有各的风格，真的很有意思。

---

① 偶尔她们遇到解不开的难题，我还是会帮忙解答一下的。

你的大姐说："家里的诱惑太多了！"于是她每天去星巴克复习。但因为自己没花钱报补习班，所以她以每天400日元零花钱的条件和我谈判成功。说到你，则是每天裹着头巾，像只小猫咪一样，缩在餐桌下的地暖上舒舒服服地复习。而你们后来多方打听，为你们的三妹严格挑选家庭老师，让她全力以赴地备考复习。

我的作用就是继续询问你们的决定和理由。尽管如此，看到你们拥有如此不同的答案（学习方法），我甚感欣慰。

>>>>>>>>>>>>>>>>>>>>>>

真实案例 18　孩子有时也需要父母提供必要的帮助

——来自二女儿

▎如果孩子考不上大学怎么办

除了婴儿期，孩子在许多时候仍然需要帮助。比如当某件事的完成难度远远超过孩子的能力范围时，或者当孩子的身体或心灵遭遇危险时。

对此，我自己有过亲身经历。高考之后，终于迎来了公布成绩的日子。因为报考了远离家乡的大学，所以我请求爸爸和我一起去那所大学查看结果。爸爸说："不管是考上还是落榜，我们都在那里住一晚，游玩一下再回家吧。"那所大学也是爸爸年轻时憧憬的大学。

到了学校，我先是自己查看那张贴着成绩的公告牌。我睁大眼睛找了好几遍，就是看不到我的考号，真是失望透顶。

我垂头丧气地回到爸爸的身边。这时，爸爸说："我也去看一眼。"于是他挤进人群，走到公告牌前查看了一番。在确认没有我的考号后，爸爸什么也没说，只是走回来，紧紧地抱住了我。

他没说"继续努力""很遗憾"之类的话，也没有像往常那样说一些幽默的话缓解氛围，只是沉默地给了我一个拥抱。

什么时候给予帮助，父母应该有所察觉

现在回想起来，爸爸真的给了我最好的帮助——他知道什么时候应该给予帮助。知道成绩之后，他替我给所有亲戚朋友打了电话，告诉他们这一结果。

其实，那天我们提前预订好了酒店，但爸爸在酒店大厅很认真地问我："你现在想做什么？"我想了想，说："我想回家。"于是爸爸只说了一句："好，我知道了，我们回家。"说完他就取消了入住（但已经全额支付的钱是不会退的），和我一起坐新干线回家了。

如果当时爸爸选择多说一些话安慰和鼓励我，我可能会更加失落。但爸爸居然能读懂我，用这样的方式帮助了我。

正是因为爸爸拥有这种敏锐、恰到好处的洞察力，我才拥有

之后挑战各类事物的勇气。即使我失败，也不再过分恐惧。

爸爸会恰到好处地提供帮助，我觉得自己在挑战任何新事物时都充满了勇气。因为即使失败了，也会有爸爸站在我的身后默默地守护我，让我不至于受到太大的伤害。

谢谢你，老爸，谢谢你这恰到好处的帮助。

父亲的评论

在读孩子的这些话前，我真的没有意识到自己都做了什么。我教育女儿的原则是一定要提供支持而非帮助。但有时我也会出手相助。那么，如何做出判断呢？父母和孩子会面临各种各样的实际情况，不能一概而论。但如果非要有标准，那就是出现在孩子好像真的处在危险状态时吧。

想要拥有这样及时的洞察力，父母在与孩子交流时要做到仔细观察、耐心倾听。即使他们没有直接对你说出想法，我们也要用心体察。

参考文献

『お手伝い至上主義！』（プレジデント社）

決める力、発想力、生きる力、お手伝い、イベント企画など

『親と子の「伝える技術」』（実務教育出版）

伝える力、脱ワンワード、1分スピーチ合戦、ほめる

『ルークの冒険 ~ カタチのフシギ ~ 』（実務教育出版）

発想力（子どもと親向け）

『発想力の全技法』（ＰＨＰ文庫）

発想力、発見、探究

『一瞬で大切なことを決める技術』（中経の文庫）

決める力、重要思考

『一瞬で大切なことを伝える技術』

『実例で必ず身につく！ 一瞬で大切なことを伝える技術』（かんき出版）

伝える力、重要思考

『戦略読書』（ダイヤモンド社）

読書法

『経営戦略全史』『ビジネスモデル全史』（ディスカヴァー・トゥエンティワン）

起業家、イノベーション